老城厢篇

南开故事

南开区档案馆
南开区地方志办公室
编

天津社会科学院出版社

图书在版编目（CIP）数据

南开故事. 老城厢篇 / 南开区档案馆，南开区地方
志办公室编. -- 天津 ： 天津社会科学院出版社，
2019.12（2021.6 重印）
ISBN 978-7-5563-0627-5

Ⅰ．①南… Ⅱ．①南… ②南… Ⅲ．①南开区－地方
史－史料 Ⅳ．①K292.13

中国版本图书馆 CIP 数据核字(2020)第 002104 号

南开故事. 老城厢篇
NANKAI GUSHI.LAO CHENGXIANG PIAN

出版发行：天津社会科学院出版社
地　　址：天津市南开区迎水道 7 号
邮　　编：300191
电话/传真：（022）23360165（总编室）
　　　　　　（022）23075303（发行科）
网　　址：www.tass-tj.org.cn
印　　刷：北京建宏印刷有限公司

开　　本：787×1092　毫米　　　1/16
印　　张：12.5
字　　数：195 千字
版　　次：2019 年12 月第 1 版　2021年6月第 2 次印刷
定　　价：68.00 元

目　录

上编　天津老城厢

下编 厢风卫俗

上编　天津老城厢

老城厢新貌　　　　　　　　　　　　　　　　　　　　(2011 年 12 月　靳煦男摄)

　　天津老城厢,地处三岔河口西南,东起海河,西至西马路,南临南马路,北抵南运河,指老城里及周边地区,既包括老城里和鼓楼商业街、古文化街,又包括北马路以北的估衣街、锅店街、针市街等狭长区域。其中,地处南开区的老城里、鼓楼商业街和古文化街极具特色。

　　老城厢地域,原为南北运河与海河交汇处的三岔河口西南出现较早的一个聚落,是天津形成和发展的摇篮。明永乐初年,永乐皇帝就在这片土地上设卫筑城。明代这里出现了最早的商业集市,如宫南大街、宫北大街。明清时期至民国初期,这里是天津的政治、经济、文化中心和金融业的发祥地,成就了天津经济的发展和市场的繁荣。天津解放后,老城厢经济社会得到恢复,进入新的历史时期。

　　老城厢有着深厚的军事、政治和文化根基。天津建城后,军政衙署多建于此;在清代,老城里又成为天津的政治中心。老城厢有着深邃的文化积淀和浓厚的文化传统,营造了天津文人文化的氛围,成为老城厢的主流文化。老城厢有着深厚的民族文化传统,孕育了卫学、府学、县学、书院,以及后来的新式学堂等,既是天津传统文化的发祥地,又是天津近代教育和近代体育的发源地。老城厢还有培植厢风卫俗的文化土壤,天后宫和老城里是天津民俗文化的源头,古文化街和鼓楼商业街延续了天津地域文化的血脉。老城厢更有深厚的近现代文化和中西方文化兼容的底蕴,中西方文化、传统文化与近现代文化在这里相互交融,生发出独具特色的天津地域文化内涵。

　　老城厢,人杰地灵,堪称津沽缩影。老城厢留给我们的每一座风貌建筑,每一处古迹遗存,每一位名人先贤,每一个感人故事,都能让人深切地感受到天津个性鲜明的历史文化与沽风卫韵。

第一章　老城里

天津老城里，在明清两代一直是天津的军事、政治和文化中心，并且逐渐容纳了越来越多的城居者。经过近 600 年的沧桑变迁，老城里似乎已经完成了自身的历史使命，在即将进入 21 世纪的时候，表现出明显的不堪重负。于是，天津规划出了一个新的"老城里"，不但保存了老城的文脉和肌理，而且构建出一个新的老城格局，使这一地区再次成为天津充满象征意义的文化地标。

第一节　历史变迁

一、老城兴衰

天津城建于明永乐二年(1404),拆于清光绪二十六年(1900),实际存留496年。其间多次坍塌,历代重修补建,饱经沧桑。

明永乐二年(1404)十一月,明王朝设立天津卫,并开始建筑天津城。城垣初为土筑,南北短,东西长。明弘治四年(1491),始将城墙增高培厚,用砖包砌,并重建四门之城楼,题匾额"镇东""定南""安西""拱北"于城楼之上。明弘治七年(1494),城楼与城中央的钟鼓楼同时建成。

明清时期,老城里是天津的军事、政治和文化的中心。明永乐十三年(1415),天津卫官在今文庙北修建储粮的义仓。明宣德年间(1426—1435),又在老城里增设"三仓",同时还专设户部分司,管理漕粮的储运。清雍正二年(1724),义仓、三仓均废弃,后来的"户部街"由此而得名。明代中期,天津设立整饬天津兵备道,负责操练军马、修浚城池、禁革奸弊、问理词讼、管理运河等事宜,并在老城里西北方位建造一座中等规模的兵备道公署。万历四十八年(1620),天津卫派设总兵,并在鼓楼以西建立天津镇总兵官公署。20世纪20年代末迁出,其他废弃为民居。

老城里在建造之初,只是一座军事卫所,因此军事设施、官衙公署和各类庙宇成为建筑的主体。同时,普通百姓出于自身和家庭安全考虑,相继迁入城内定居,普通民居逐渐成为老城里建筑的重要组成部分。清顺治十二年(1655),清政府裁撤天津户部分司,改建为天津钞关公署。清康熙十三年(1674),疏通并加宽护城河,重建老城城楼和四隅的角楼,并重题四门匾额为"东连沧海""南达江淮""西引太行""北拱神京"。

清雍正三年(1725),再次重修天津城,天津改制为直隶州。清雍正九年(1731),直隶州升格为天津府,同时设立天津县,由此形成府县同城、畿辅京师的独特模式。清雍正十二年(1734)，老城里西北旧卫署改建为规模较大的天津府署，并在老城里东北的仓廒旧址建造天津县署，天津的县阁是一座颇具特色的过街阁楼。清同治年间(1862—1874)始，老城西南一带兴起建房高潮，出现大批里巷胡同。随着时代变迁，老城里逐渐演变成天津百姓最为集中的商业和居民聚集区。

清咸丰十年(1860)第二次鸦片战争后，天津被辟为通商口岸，老城里由此成为中国北方最早开放的区域。西方的文化教育和科学技术同时涌入，使老城传统的、单一的本土文化逐渐融入诸多近现代文化元素。清光绪年间(1875—1908)，政府在天津县阁以西设立长芦盐运使公署，后来的"运署西街"由此得名。光绪二十六年(1900)六月十八日，八国联军攻陷天津城，大肆烧杀抢掠。为消除天津城的对外防御能力，根据《辛丑条约》，八国联军建立的临时政府都统衙门下令拆除天津城墙，并不得重修。年末，天津城墙、城门与城楼被全部拆除。从此，天津城垣不复存在，随后，在原城基上建成东、南、西、北四条围城马路。

1912年，中华民国成立，天津道衙门、天津府公署、天津县阁等均被拆除，修建为数量众多的民居建筑。是年，在北门东建成天津最早的综合商场"北海楼"。1912年2月末3月初，袁世凯策动"壬子兵变"，在老城里烧杀抢掠，尤以北门里为甚。1925年，奉军败退天津时再次抢劫老城里，使许多店铺、商家深受其害，一些富豪之家纷纷迁往各国租界。自此，老城里日渐衰落。

民国时期，随着"废庙兴学"的提倡和兴起，一些有识之士利用旧书院和庙宇在老城里兴办学堂。1931年11月至日本全面侵华天津沦陷，人民长期饱受苦难。

20世纪初至1949年1月，在反帝反封建的民主革命斗争中，许多志士仁人在老城里留下了奋斗的足迹和光辉的业绩。

中华人民共和国成立初期至20世纪60年代，老城里由于人口户数的大幅度增加和人口密度的增大，居民在道路出行、吃水用水、做饭取暖、居住条件、环境卫生等方面，均非常困难。居民住房困难是第一位的老大难问题。1995年末，在老城里1.55平方千米土地上居住着4.54万余户12万余人，其中60%以上住户人均居住面积不足4平方米。是时，老百姓家中建阁楼和三代同居一室是普遍现象，且房屋质量陈旧老朽，每年汛期都要担心房屋倒塌出现伤人事件。其次是吃水难，1949年水铺买水改为安装公共自来水供水，延续30余年。20世纪80年代，由于供水管道老化年久失修，居民吃水仍非常困难。1983—1988年，南开区政府对老城里旧管网进行改造，在大部分具备条件的胡同里巷实现自来水入户，暂时缓解吃水难问题。在很长时间内居民家中的粪便是由环卫工人拉着小粪车清除，直到20世纪80年代老城里陆续建设公共厕所，小粪车才逐渐退出历史舞台。在交通出行方面，1951—1952年，南开区政府将鼓楼南北大街改建成水泥混凝土路面。1963—1965年，整修里巷胡同，主要以平整后铺炉灰为主，便于出行。1979年开始结合排水管道改造，老城里原有胡同里巷才铺成沥青混凝土路面，至此居民出行条件和环境面貌有了很大改善。老城里居民多年来依靠煤球炉和蜂窝煤炉生火做饭取暖，直至20世纪90年代有了液化气才使得部分家庭做饭难有所缓解，但冬季取暖却始终是个难题。

随着1995年后老城大规模拆迁改造，长期困扰老城里居民住房难、吃水难、出行难、如厕难、做饭取暖难等一系列老大难问题得到彻底解决，教育、文化、卫生等方面也得到完善，传统文化、民俗民风也得以传承发扬。

二、老城重建

2004年8月，老城里地区开始重建。新的老城里被规划建设成为商贸、居住混合区，至2010年新建住宅面积超过100万平方米。新建街区为鼓楼街。

在重建过程中，南开区政府和天津市相关部门在有效地保护区域内风貌建筑、文物古迹的同时，对老城里进行合理开发利用，以传承老天津卫文化。新建或改建的商业、住宅建筑尽量与整体环境协调一致，改造后的老城里充分满足广大人民群众的工作生活需求，以适应不断发展的现代化生活节奏。

改造后的老城里紧紧抓住商业发展的机遇与契机，以鼓楼商业街为核心，贯通城厢东路、城厢中路、城厢西路4条纽带，并以东马路、南马路、西马路、北马路、东北角、东南角、西北角和西南角为依托，全力打造独具老城风韵的中心商业区。

南开区政府肩负古迹保护和经济发展双重任务，与市相关部门一起，凭借老城里厚重的文化底蕴,将古迹保护与商业开发有机结合在一起,发展代表津味文化和老城民风民俗的旅游、餐饮等商业业态。同时,结合老城里的建筑风格,合理开发写字楼、酒店、商住公寓以及地铁经济,建设新安购物广场、新安花园、儒园、铜锣湾广场等项目,形成天津又一个黄金商业圈。

第二节　风貌建筑

一、名门宅院

(一)徐家大院　亦称为仓门口徐家大院,坐落于鼓楼东街,原为英麦加利银行买办徐朴庵的家宅,始建于清末民初,是天津市区唯一保存完好的典型传统民居。该大院坐北朝南,由中部三进四合院、东西两侧箭道和多组跨院组成,砖木结构,硬山瓦顶,墙体磨砖对缝,砖饰丰富,占地面积2224.71平方米。现为天津市重点文物保护单位,天津市重点保护等级历史风貌建筑。

2001年,对该大院进行全面修复。门楼采用砖雕、木雕相结合形式,并配以木墩、石鼓等,恢复原传统民居风貌;影壁墙采用砖雕与石雕巧妙配合形式,其檐部饰以万(卍)字不到头图案,使其更具有古色古香风韵。修复后徐家大院占地面积1381平方米,其中对东西跨院和中部的一、二道院都进行不同程度改建。2004年,在此处建成天

徐家大院外景　　　　(2010年　武延增摄)

津老城博物馆,是年 12 月 23 日天津设卫筑城 600 周年纪念日对外开放。

(二)祁家大院　坐落于鼓楼商业街南街西侧(原南门内大街 42 号)。始建于 1915 年,因天津解放前后由祁姓人家在此居住多年,故称为祁家大院。该大院建筑面积约 700 平方米,由两进四合院组成,四合院之间由箭道连接,是典型晚清时期天津风貌民居建筑。2009 年经整修后辟为"格格府典藏博物馆",藏有明清时期官窑、民窑瓷器千余件及明清家具、青铜器等。现为天津市重点保护等级历史风貌建筑。

(三)杨家大院　坐落于老城东南角,为天津清末八大盐商之一"聚益恒杨家"商人杨恩荣于光绪年间所建。该大院坐北朝南,由东、西箭道及多组跨院组成,四至范围是:南临二道街,大门坐北;北临鼓楼东大街,后门在此为一过街楼;东邻大刘家胡同;西邻天津八大盐商之一的姚家大院。该大院为中国传统的前廊后厦式楼房院落与平房相结合的建筑群,建筑以中式风格飞檐斗拱、砖刻木雕为主,辅以欧式铁艺装饰,在老城里建筑中独树一帜,具有较重要文化价值。2004 年,随着老城改造,改建为"七品驿馆"。

(四)姚家大院　坐落于城厢中路东侧,占地面积 2860 平方米,主体建筑坐北朝南,由五进四合院和东、西跨院组成,青砖墙灰瓦顶,院内厅堂以回廊连接。2004 年 6 月 21 日,天津佛教居士林按照原来建筑格局和风格搬迁至该大院,成为新的"天津居士林"。居士林大殿内供奉一尊元代铸造高 2 米铜质鎏金毗卢遮那佛,为国家一级文物。另有清嘉庆年间(1796—1820)瑛宝指画《微笑图》和新铸的仿故宫周鼎大铁炉。

(五)卞家大院　坐落于老城沈家栅栏胡同 3 号(今鼓楼北街北口),为 1915 年天津"八大家"中"乡祠卞家"后人卞述卿(卞继昌)所建。占地面积 2238 平方米,为中型传统民居,南北箭道,东西跨院,箭道西侧为前后二进院落,箭道东侧由四组院落组成。2002 年建鼓楼商业街时部分拆除,仅剩下一道院予以妥善保护,供游人观赏。现为南开区重点文物保护单位,天津市一般保护等级历史风貌建筑。

二、文物古迹

(一)文庙　又称孔庙,坐落于东门内大街路北东门里 1 号,创建于明正统元年（1436）。明代天津左卫指挥使朱胜为在天津城内尊孔兴学，将私宅贡献给卫所建成孔庙，作为学宫兴学之用，时称卫学。现占地面积1.5万平方米，建筑面积3000平方米，由并列的府、县两庙和明伦堂组成，是天津市区规模最大、保存最完整的明清建筑群之一。主要建筑有过街牌坊、万仞宫墙、泮池、棂星门、大成门、大成殿和崇圣祠，对称排列于南北中轴线上，具有典型的中国传统建筑风格。明清两代直至民国时期，每年春、秋两季都在文庙举行祭孔大典。

文庙外的两座过街牌坊，为二柱三楼庑顶式过街牌楼，建于明万历年间（1573—1620），是天津现存最早的木结构牌楼，造型奇特，楼额正中分别镶有楷体金字"德配天地""道冠古今"的匾额。万仞宫墙乃文庙建筑的照壁。泮池为文庙建筑群所特有，象征其为最高学府的规格，呈半月形，上有泮桥，乃仿周代诸侯学校所建，始建于明万历二十九年（1601）。棂星门为四柱三楼冲天式牌楼，黄琉璃瓦悬山顶，建于明景泰五年（1454）。大成门为文庙内穿堂门，黄琉璃瓦硬山顶。大成殿为文庙主体建筑，府庙大成殿落成于明正统十二年（1447），为黄琉璃瓦九脊歇山顶，大殿内供奉孔子、四配和十二哲牌位，并陈列祭孔礼器。殿前的月台，乃祭孔乐舞之处。大成殿后的崇圣祠，亦称为启圣祠，是祭祀孔子五世祖先处，建于明万历二十九年（1601），青瓦硬山顶。文庙的县庙，为清雍正十二年（1734）建，布局与府庙相同，规模略小。明伦堂在府庙东侧，仅一墙之隔，由门厅、前殿、中殿和大殿组成，均为青瓦硬山顶，建于清康熙十二年（1673），系供奉天津名宦、乡贤牌位之处所。

文庙在明清及民国年间进行多次扩建、重修。1954年，列为市级文物保护单位。1985年，天津市政府拨款30万元修葺并重建府、县庙影壁、泮池、棂星门。1986年，设立天津文物保护所。1987年，建成文庙博物馆并对外开放。

2008年始，文庙实施抢救性大规模整修，工程本着"修旧如旧"原则，最大限度地恢复文庙历史上的建筑风格，2010年8月1日重新对外开放。修缮后的文庙外观庄严，气势恢宏，正门前新建的街景绿地与文庙融为一体，闹中取静。走进文庙，整个建筑群结构更加紧凑，大门北侧是巍峨的牌坊式建筑棂星门。整修后的泮池，恢复半月形状，泮池上石拱桥修复一新，并引入地下水，池内清水长流。泮池旁边新发掘出一口被泥沙填埋的古井，井水清冽甘甜，被称为"状元井"。文庙内明伦堂被辟为国学馆，有可容纳近百人的教

2016 年,秋季祭孔典礼   (王英浩摄)

室,放置古朴典雅的书桌座椅,邀请名师在此专门教授"国学",并定期举办专题讲座。文庙内陈列展品有《大成殿复原陈列》《祭孔礼器乐器展》等。此外,文庙重新开放后,挖掘传承了历史上部分传统礼仪活动,如春秋两祭、开笔礼、成年礼、祭孔乐舞等。现为天津市重点文物保护单位,天津市特殊保护等级历史风貌建筑,天津市爱国主义教育基地。

　　(二)广东会馆　坐落于东门里大街 257 号(其西门坐落于南门内大街31 号),清光绪三十二年(1907)建成,"当时为在天津的广东客商议事、宴集和娱乐的场所"。会馆初建时占地 15318 平方米,建筑群体包括拜神议事的厅堂、供娱乐集会的剧场及附近一些附属建筑。门厅为砖石结构,硬山墙,正中悬挂"广东会馆"匾额;两端山墙砌成岭南风格的阶梯墙,上下五级,称为"五岳朝天",与北面屋脊融为一体;大门内置镂空的木雕屏风。四合院正厅檐下悬挂"岭渤凝和"横匾,以示岭南粤商与渤海之滨民众和睦相处。会馆院内环接回廊,遮雨蔽日,具有南国风情。为国内保存最完好的清代会馆建筑之一,也是世界众多广东会馆中规模最大、建筑最为精美的一座古典风貌建筑。现为全国重点文物保护单位,天津市特殊保护等级历史风貌建筑。

　　正厅后面有一戏楼,是会馆的主体建筑,最有特色,是国内保存最为完好的古戏楼。以空间跨度大、设计巧妙和装饰精美,成为中国古典剧场中的佼佼者。戏楼为伸出式舞台，台口不设立柱，与起着保护原声、扩音作用的穹顶，堪称中国古典式舞台的扛鼎之作。戏楼中心的舞台，由南向北伸出，进深7.5 米，舞台天幕位置镶嵌"天官赐福"镂空木雕。舞台顶部藻井是一个玲珑剔透、金碧辉煌的螺旋状回音罩，由数以百计异形斗拱组成，将舞台上音响折射到剧场内各个角落，既拢音又传声，颇具匠心。藻井外观精美，舞台的垂花门楼配以隔扇门窗，舞台台口无支柱支撑，仅有的两根栏杆用雕花罩遮掩，外观秀美。整个戏楼可容纳四五百人，二楼 15 个包厢可容纳 200 余名观众。戏楼内采用抬梁、穿斗混合结构，用两根平行的跨空枋和一根额枋为主梁，构成一组大木架，净跨度长达 20 米，中间不设主柱。该戏楼一直是著名京剧、昆曲表演艺术家重要演出活动场所，当年孙菊仙、杨小楼、梅兰芳、尚小云、荀慧生、龚云甫等京剧名家和广东的粤剧名家红线女均曾在此献艺。

广东会馆曾是革命先辈进行革命活动的重要场所。1912 年 8 月 24 日，孙中山先生北上途经天津时，同盟会燕津支部在广东会馆召开欢迎大会，孙中山先生在会馆的戏楼舞台上，发表"我中华四万万同胞同心协力，何难称雄世界"的著名演讲。1919 年五四运动时期，恰逢五省旱灾，邓颖超等"觉悟社"成员曾利用广东会馆舞台宣传革命，并进行募捐义演。1925 年五卅运动

广东会馆的戏楼   （2016 年　王英浩摄）

期间,中共天津地下党组织印刷、纺织、海员、油漆、码头等 20 余个行业工会,在广东会馆成立"天津市总工会"并开展革命活动。

中华人民共和国成立后,广东会馆得到各级政府重视和保护,1962 年被定为市级重点文物保护单位,1986 年在此创建全国首家戏剧博物馆,2010 年起作为天津市爱国主义教育基地,并常年陈列展品和进行戏剧、曲艺演出活动。

(三)**基督教仓门口堂** 坐落于鼓楼商业街东街,为 19 世纪美国传教士柏亨利在天津建立的第一座基督教堂。清宣统二年(1910)10 月,一些牧师和信徒为创办华人"三自"(自立、自养、自传)教会遂买下教堂,并于 1934 年进行扩建翻建,是年 7 月举行献堂礼拜。该教堂由圣堂和附属建筑构成,皆为砖木结构,瓦楞铁屋顶,面积 1127 平方米。圣堂设于院庭后部,青砖尖顶,楼高二层,可容纳 400 余人。另外,临街建有一座布道副堂,可容纳百余人。圣堂东侧有跨院,二层小楼住房 5 间。1987 年,被定为天津市重点文物保护单位、为天津市重点保护等级历史风貌建筑。2010 年时仍为基督教会使用。

(四)**基督教青年会** 坐落于东马路西侧,1913 年 5 月 23 日奠基,1914年10 月 16 日建成,占地面积 1000 平方米。建筑为四层大楼,外墙为砖混结构,内部以木质结构为主,建筑面积 4000 平方米,按照当时国际青年会统一标准模式建造,具典型性欧美教会风格。内有阅览室、会议室、健身房、礼堂、宿舍、教室等,建筑材料大都从美国航运过来。该建筑与天津早期体育发展有着十分密切的关系,是奥林匹克精神传入中国的第一站。篮球运动当时称为筐球,传入中国即源于此,堪称中国篮球运动的发祥地。张伯苓在刚建成的基督教青年会礼堂发表演讲,第一次提出中国人要参加奥运会和申请举办奥运会的主张。天津解放后,辟为天津市少年宫用房。2004 年老城改造时得到妥善保护,2010 年仍为天津市少年宫用房,经常开展活动。现为天津市重点文物保护单位,天津市重点保护等级历史风貌建筑。

(五)**元升茶楼** 坐落于鼓楼北侧,原名金升茶园,为清嘉庆(1796—1820)、道光年间(1821—1850)天津四大名园之一,民国初年改名为元升茶园。茶园早期曾经是文人、墨客、演艺名家聚集之地,在天津演剧界占有一席之地。孙菊仙、李吉瑞等天津、北京著名演员和小荣福、杨翠喜等京剧、河北梆子第一代女伶都曾经在此演出,历史上享有盛誉。2001 年,在原有"元升茶楼"基础

元升茶楼 (2009年 靳煦男摄)

上投资重建，180平方米大厅，集会议、娱乐、演出于一体；二层有10间风格各异的茶室。青瓦楼台、朱廊画壁、清幽茶室，品茶论道，于现代中体现传统。2004年春成立"星四书画沙龙"，每周都有书画活动；并常有戏剧、曲艺演出。该茶楼作为天津历史上四大名园之一和仅存的清晚期茶楼，为南开区重点文物保护单位、天津市非物质文化遗产保护单位。

三、旧址遗迹

（一）问津书院 坐落于鼓楼商业街南街西侧，清乾隆十六年（1751）八月始建，翌年二月落成。由天津盐商查为仁献地，长芦盐运使卢见曾捐资建造。建造目的是"延师选士""肄业讲学"，为科举提供讲习场所。当时的大门坐西朝东，与民

问津书院 (2017年 王焱摄)

宅相连，院内为正方形，有房屋 64 间，占地面积 2004 平方米，建筑面积 901 平方米，前有照壁，后有二门。中间有三间讲堂，清时侍郎钱陈群题写匾额"学海堂"。讲堂两侧设东学舍、西学舍，后面为山长书室。该书院为天津早期正规教育具有代表意义的"四大书院"中仅存的一处，弥足珍贵。2002 年得到重新整修、妥善保护，至 2010 年为商业用房。

（二）**中营小学** 坐落于城厢西路东侧，区级文物保护单位。清光绪三十一年（1905）开始筹建，翌年建成，最初学校名为"天津官立模范两等小学堂"，是天津最早的官办模范小学，后经 10 余次易名，1956 年定名为"中营小学"。至 2010

具有百年历史的中营小学老校舍 （2016 年　王英浩摄）

年，这座百年老校，完整保留由跨院、青砖瓦屋顶校舍和连廊组成的建筑群，为天津市重点保护等级历史风貌建筑。

（三）**经司衙门遗址** 坐落于老城东门里经司胡同 8 号（今东门里儒园北侧），始建于明正统元年（1436）。原为天津经历司衙署大殿，明清时期对该建筑进行多次修缮和增建。民国时期，在该遗址上建造慈善机构"蓝卍字会"。天津解放后，该建筑被辟为南开区第三幼儿园，基本保留原建筑风貌。

（四）**天津居士林** 原址坐落于东南角草厂庵清修院胡同 10 号，建于清末民初，是清末老城里"李大善人"李春城后人献出的家庙，由大雄宝殿和两侧配殿组成，佛教活动场所，占地 752 平方米，建筑面积 700 余平方米。1935 年名震全国的施剑翘为父报仇枪杀原北洋军阀孙传芳的事件就发生于此。2003 年老城改造时拆除，迁至城厢中路 669 号姚家大院翻建。

（五）**城隍庙遗址** 坐落于老城西北角，始建于明永乐四年（1406），明成化十九年（1483）重建，曾经是天津地区一座规模较大的宗教活动场所。有府庙、县庙之分,两庙相连。庙内曾设有两道牌坊、两拱石桥和回廊、山门、旗杆、戏楼、钟鼓楼、花厅、大殿、配殿、后殿等。由于年久失修,多数建筑已经损毁,不复存在,仅存一座两层楼后殿和一对石狮,2004 年老城改造时拆除。其中有价值的建筑构件保存于南开区文化局。

(六)**孙世泽旧居** 坐落于北门内大街 70 号,建于 20 世纪 30 年代,是天津买办孙世泽旧居,天津老城里唯一保存较好、风格最为独特的中西合璧大宅院。院内除了有中国传统的庭院营造式建筑外,还有较多的西方复古创意风格的建筑物。建筑主体由前后两进的四合套院,外加南侧的小跨院组成。前院为中式四合院、主体为砖木结构,青瓦硬山顶(已拆除);后院建有厢房和一座砖木结构的欧式小楼,楼高三层,为后院主体建筑;南侧跨院建有一座二层小洋楼和一座西式凉亭。该民居院门原开在北门里,修建鼓楼商业街时因拓宽马路而拆掉了院门和前院,但把以小楼为主的主体房屋建筑予以保留和保护。2010 年经过整修后,较好保留了原有建筑风格,还增添了一些砖雕石刻和古式家具物件,使此处中西合璧民居建筑风格更为独特,并辟为一处公馆式特色西餐馆——"卫鼎轩"。现为天津市重点保护等级历史风貌建筑。

四、纪念地

(一)**义和团"坎"字总坛口** "坎"字总坛口是义和团当年在老城里设立的大本营。清光绪二十六年(1900)六月初,义和团首领张德成率领 5000 团民进驻天津,在老城里小宜门口等地设立总坛口。老城里的"坎"字总坛口有三处:其一在靳家胡同 1 号,该院有北房 4 间;其二在小宜门口 2 号;其三是靠近靳家胡同与小宜门口 2 号之间的一条死胡同内,有一间坐西朝东的大院,义和团在此设立总坛口。此三处遗址后改为居民住宅。2003 年老城改造时先后拆除,后建为楼房民居。

(二)**讲演所** 即天津通俗宣讲所。坐落于西门北东侧,为天津教育家林墨青先生创办。林墨青是天津"废庙兴学"创始人,主张学校教育不但要家教配合,而且还要和社会教育配合。他在创办男女小学之后,并于 1912 年率先创办天津通俗宣讲所,致力于社会教育。该所面对西马路,进门迎面是讲台,前有课桌,后有黑板,讲桌前有 20 余排长板凳,左侧为阅览室,备有开水供饮用。该所每晚由各学校教师轮流宣讲,包括读报纸、讲故事,灌输科学知识,起着移风易俗、改良社会、开通民智等作用。1919 年五四运动时期,天津各女子学校学生发起成立"天津女界爱国同志会",选举邓颖超、郭隆真为队长。她们在围城马路上搭台宣讲,并利用宣讲所对群众进行宣传教育。开始宣讲内容为"外抗强权,内除国贼""誓死不做亡国奴""提倡国货"等,后来又增加"要求妇女解放""争取妇女自由平等权利""反对包办婚姻""男女社交公开"及移风易俗、改革社会风尚等内容。20 世纪 30 年代该所停办,1993 年因西马路拓宽改造被拆除。

(三)"觉悟社"成立会议旧址   1919 年 9 月 16 日,"觉悟社"在东南角草厂庵胡同(草厂庵胡同 41 号),一栋二层楼房(占地 336 平方米)的天津学生联合会内召开"觉悟社"成立大会,参加会议 20 人(男女各 10 人),大会由周恩来、谌志笃等主持,推举周恩来为领导人,宣布该社的活动宗旨等事项。五四运动时期,周恩来、邓颖超等组织"觉悟社"成员开展活动。是时,天津学生联合会的"童子军"领取宣传材料和物品也在该处。后因该地靠近日租界,日军军警、宪兵队特务、汉奸、日本浪人和流氓常出没于此,"觉悟社"所在楼房不安全,遂将社址迁往法租界的"女青年会"维斯礼堂地下室及"新学书院"礼堂顶上天文台室。2003 年老城里改造时该旧址被拆除,2010 年建为铜锣湾花园住宅小区。

(四)《天津导报》地下发行站   《天津导报》地下发行站旧址位于天津市南开区西南角故物市场后徐家胡同 16 号(中共地下党员左建家),后移址西太平庄刘家胡同 14 号。通过地下发行站在市内发行《天津导报》,对指导天津各阶层人民开展反蒋斗争、培养党的干部和进步群众起到积极作用。两处遗址在 1993 年城市建设中均被拆除。

第三节　老城民居

一、胡同里巷

（一）胡同与胡同命名　胡同是老城里民居建筑和居民生活的载体，是老城里人文精神的根。老城里的胡同，有宽有窄，有长有短，有曲有直，形态各异。纵横交错的大小胡同，构成居民生活小社区，并孕育了丰富的老城里民俗民风。

明末，老城里有胡同 23 处。至清末，老城里建成胡同里巷 279 处。1912—1939 年，老城里胡同总计 365 处。

老城改造前的府署街　　　　　（1995 年摄　南开区地志办提供）

老城里的胡同名称，五花八门，千奇百怪。有的以各行各业店铺、作坊为标志物命名；有的以人物、官署、机构、寺庙、植物等名称命名；有的以某种职业加姓名来命名；有的以姓名冠之以"家"命名；有的以标志物、标志性建筑命名。其中，以某大户人家姓氏命名的胡同居多，有 55 处；以其他方式命名的胡同，各有 30 余处。

（二）胡同消失　老城里的胡同里巷，经历 600 年风雨沧桑，特别是经历 1992 年北马路拓宽、1994 年天津危陋平房改造和 2003 年老城拆迁改造，至

2004 年天津设卫建城 600 周年时，已基本拆除殆尽。流传几百年的老城故事、民间传说和胡同轶事，只能留存在文献典籍和人们记忆中。

二、传统民居

（一）建筑形式 传统民居建筑有四合院、三合院、四合套院、筒子院、独门独院、门脸房。

四合院 天津老城里传统民居的主要形式。老城里的四合院，在纵轴线上安置主要建筑，两侧和对面安排次要建筑，一般为坐北朝南，以北房为上房，东西两侧房屋为厢房，大门开在东南方向。大门建有门楼，门楼是最讲究的建筑，是财富和地位的象征。门外两侧有圆形或方形的石门墩儿，大门中间是条石台阶，门前有的设有一对石狮子，走进大门是过道，过道内设有内房。大门迎面是影壁，影壁西侧设二道门子，亦称为"屏门"；一般在二道门子安装垂花门，作为装饰。院内设有穿心廊及厨房、厕所，夏天搭建凉棚。如南门内大街 42 号的祁家大院，门楼坐北朝东，由倒座房、二道门楼、前后两院和南、北箭道组成；正房均五间前出廊，厢房三间，砖木装修精细；南箭道东跨出厕所，西跨厨房。这是老城里典型的中型民居四合院。

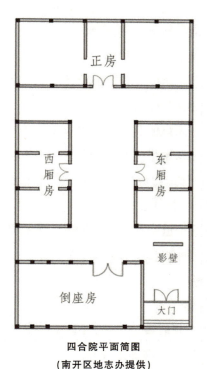

四合院平面简图
（南开区地志办提供）

三合院 也是天津老城里传统民居的主要形式，与四合院的结构大致相同，只是不建南房，属于半封闭式院落。三合院内布局呈凹字形，北、东、西三面均建有房屋，缺口处为院门，院门的规模也比四合院小，但仍然讲究方砖墁地、盆（桶）栽花卉。明清时期建的大都有门楼和影壁，民国以后建的则多数门楼以花墙砌大门，或以简易的对开木门代替，门墩儿也很少有雕刻装饰，条石的台阶不高。

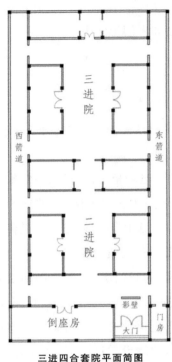

三进四合套院平面简图
（南开区地志办提供）

四合套院　院落有横向、纵向两种形式。横向结构的四合套院一般中间设大门，有门楼和影壁。进大门后从影壁左方进入院子，迎面是一个胡同式的箭道，箭道是横向四合院的中轴线，用方砖铺成甬路，以此沟通东、西两院。西院不住人，为家祠、佛堂、客厅、戏楼等建筑物；东院是连续几套的四合院、三合院，均由主人及其晚辈使用。这些四合院、三合院均开向箭道，出入互相不干扰。纵向结构的四合套院则是多层递进式四合院落：第一道院落的北房又是下一道院落的南房，以此类推。人们经中间的堂屋通过进入各院落，一家之主居住在最后一个院落的北房，其余家人住房则按辈分长幼有序排列。

旧时，天津的官宦人家及富商大贾大多数居住在老城里，并建造规模宏大的四合套住宅。"天津八大家"中，如乡祠卞家、户部街益德王家、东门内高台阶华家、"世进士第"姚家、买办徐朴庵家、冰窖胡同李善人家等富商大户，都居住在十分讲究的四合套院。被称为华家大门的华世奎故居，门楼高大，坐南朝北，正中以箭道贯通南北，东侧六进四合院，西侧二进四合院；砖木结构，硬山青瓦顶，主要设正房、过厅、书房、祠堂和厢房等。

简子院　老城里的简子院，是在一座院落中只有两边有住房，一面为大门，一面为简易的厦子间组成的长方形院落。院门多为花墙大门，迎门立"插屏子"（即起隔绝内外影壁作用的木结构屏风，由三扇屏组成）。

独门独院　老城里的独门独院，一般院内几间房屋布局不规整、不统一，但又自成体系，通常由一家居住。天津解放后，大部分独门独院都是院内一面为住房，院子呈纵向长条形，住房为单间，或是呈里外套间形式。也有的迎面是住房，大门两侧设厨房、厕所等，中间是横向长条形院子。

门脸房　沿街的无门楼及庭院的房屋，其门窗均开向街面，常作为店铺使用。有的门脸房是纵向的里外套间,商家多是里间做居室用,外间做店铺用。20世纪50年代公私合营后,店铺门面减少,原来的门脸房多改做居住用房,每家门口一侧垒成生火存煤的小屋,便道成了生活区。

(二)建筑布局 天津老城里的传统民居,如四合院、三合院、大四合套院等,均结构合理,布局严谨,极为讲究。一般均建有门楼、影壁、过道、二道门、庭院、门窗、堂屋、里间屋、厢房、厨房、厕所。其中,以门楼、影壁、二道门、庭院、堂屋和门窗最为讲究。

门楼,是老城里传统民居不可缺少的装饰性建筑,是一个家族或家庭财富权势的象征。主要为木制,有虎座门楼和八字门楼两种形式,其中以虎座门楼居多。另外,还有一种中西合璧式的门楼,如原东门内文学东箭道的一个宅院大门,为拱券式大门,但其门券上却采用传统的砖雕装饰,堪称中西合璧之杰作。

影壁,是老城里传统民居不可缺少的建筑布局,设置于院内直冲大门处,分基座和壁身两部分。基座多为须弥座样式,壁身多为正方形,四周是砖雕装饰。影壁也是传统民居最为讲究的建筑。

二道门,也叫屏门,多设置于影壁西侧,是进入庭院的最后一道门,同时也是一个封闭的过道。二道门的顶部铺瓦起脊,上挂红底黑字木斗方,多书"斋庄中正""中正和平""福禄寿喜"等字样,有的悬挂6个字或8个字不等的匾额。此外,还有一种二道门采用垂花门样式,木雕装饰颇为精美。清代天津"八大家"中卞家大院内的垂花门,为天津民居最为讲究的二道门。

庭院,是外界环境与室内环境的过渡空间。人们进院后,东、西、北面有三面转的穿心廊,廊与地面用台阶相连。庭院内不留黄土地,通常是青砖墁地。

门窗,起屏绝室内外的作用。在三合院、四合院中,庭院内各房的屋门均为6扇木隔扇,中间两扇可以启闭,为进出所用。屋门的每扇隔扇门,上下装饰不同,上部是"铺地锦"木窗格,下部为实木板。有的则是配以雕花装饰,然后再衬一层实板,中间镶夹玻璃镜子。窗户多用横上亮、四扇门形式。另外,还有一种比较讲究的门,上部为"铺地錦"木窗格,下部为雕花,后面则衬实板,中间镶夹玻璃镜子;或是无雕花,在实板上装饰书法作品。

堂屋,是"联三间"式住房的中间屋,平时为家人聚会、议事及待客的地方。旧时的三合院、四合院均以北房为上房,北房大多是"联三间"形式。大的四合院面阔较宽,北房则采取"明三暗五"式结构,即在堂屋两侧的里间屋各附带一个或半个开间大的套间。由于北房是上房,所以北房的堂屋自然成为家庭活动的中心。堂屋的装饰也有一定的定式。通常在迎面墙上挂有中堂画轴和对联,下面贴墙处摆着架几条案。条案前中间处放置八仙桌,两侧摆放一对太师椅。

(三)装饰艺术　老城里传统民居在建筑上十分讲究装饰艺术,依据实际情况和家庭财力,多采用精美的砖雕、木雕、石雕的独特形式,作为附属建筑加以装饰和美化。其中砖雕装饰最具特色,最富光彩。

砖雕装饰　砖雕是天津民间艺术"三绝"之一。在传统民居中,人们盛行在房檐、山墙、门楼、门楣、影壁、屋脊、板墙等处,以吉祥图案为主的砖雕艺术作为装饰。这些图案的构成多取谐音字,或以具有象征意义的动植物及其他物品的组合来表达吉祥纳福的寓意。这些砖雕艺术的运用,主要起到装饰作用,增加民居建筑的艺术美;同时也是财富的象征,抬高主人的地位、身价。另外,这也反映了市民的生活情趣和精神境界。

老城里四合院、三合院和大四合套院的门楼,是豪华宅院中砖雕装饰运用最多之处。在清水墙、瓦顶、脊头、墀头、墙垛、角柱石、抱鼓石、台阶等处,从上到下大都装饰吉祥纹样的砖雕。其中,仅墀头处就有六七种不同纹样,包括前檐砖、扁盒、门额、挑檐、墀头脚、花牙、荷叶墩等,其雕法纹样各有不同。影壁的砖雕装饰也十分讲究,在一座影壁上可以装饰 10 余种不同纹样的砖雕作品,其中,包括清水墙、瓦顶、托头、檐头、壁额、壁柱、壁心、壁身及须弥座等部位。

马顺清的砖雕作品《龙凤》

(2017 年摄　南开区地志办提供)

砖雕装饰艺术的吉祥纹样主要有一品当朝、五福捧寿、四季长春、竹报三多、梅献五福、封侯挂印、鹤鹿同春、福寿绵长、福寿双全、岁寒三友等数十种。

老城里砖雕艺术从构思设计到表现形式,其手法多样而繁复,无论象征和隐喻，都代表着一定的祈福心理，具有一定的社会意识倾向和感情色彩。

木雕装饰　木雕是老城里传统民居装饰的主要手法，采用材料广泛，雕刻手法多样。清乾隆(1736—1796)、嘉庆年间(1796—1820)，由于经济、交通发达，大量南材北运，南方特有的楠木、檀木、樟木等适于雕刻的木材不断运到天津，同时南方木雕的先进技术和艺术特色也被带到天津。清光绪年间(1871—1908)，房氏木雕作坊的著名艺人朱星联吸收中国画的构图方法进行设计，为木雕艺术发展做出贡献。

徐家大院的室内木雕
(2016 年摄　南开区地志办提供)

老城里民居的木雕装饰，除少量的外装修外，主要用于内装修上，且极为精细，通常用于垂花门、额枋雀替、花板和花牙、望板的装修。木雕还广泛用于内檐装饰，如木隔扇、花罩(在室外也有应用)、屏风和四扇屏等。雕刻手法多采用通雕与透雕技术，达到两面均能观赏效果。木雕的题材多采用吉祥图案纹样设计，与砖雕相似或大体相同。木雕表面一般涂刷清漆，既保护木材又显示自身纹路。

老城里传统建筑的木雕装饰以广东会馆最为精美。馆内门厅、前厅、廊厦梁枋和护壁的木雕都很考究，尤以戏楼遍施雕镂，最为玲珑剔透，体现潮州建筑风格的山水、人物等图案，雕工之精、造型之美、组合之巧，为一般建筑所罕见。

石雕装饰　石雕也是老城里民居中较有特色的外观装饰品，主要应用于民居建筑的须弥座、石吻、门枕石、抱柱石、基石、柱础、荷叶梁等。石雕的雕刻手法与砖

卞家大院门前的抱鼓石
(1995 年摄　南开区地志办提供)

雕基本相同,除平雕、浮雕、透雕外,还增加了立体雕刻形式的"圆雕",有些大户人家门楼前两旁放置的石狮门墩和抱鼓石、抱柱石就采用圆雕手法。

在老城里民居建筑中,还发现有仿古希腊时期的简化了的"科林斯"柱式建筑,与中国传统民居融为一体,别具特色。

三、现代居民

(一)新型住宅区兴起 2004 年始,随着老城里胡同、街巷的拆除,取而代之的民居载体是一个个新建的新型住宅区。这些新型住宅区通常是由市、区政府统一规划,房地产开发公司建设开发,建筑物多为高中档的高层公寓式居民楼、写字楼和别墅。新型住宅区一般规划有序、功能齐全、形制规整,且规模较大。多用某地名加花园、家园、广场、城、里等命名。

至 2010 年,老城里新建 5 个社区:天霖园、天越园、铜锣湾、后现代广场、壹街区;精心打造城南家园、富力城、盛津园、龙亭家园等高档现代住宅小区,彰显现代都市建筑风貌。

(二)建筑形式 现代民居的建筑形式,主要有公寓式居民楼和花园别墅式居民楼。

公寓式居民楼 20 世纪 90 年代始建,代替原有的传统民居,由筒子楼逐渐发展而来,为单元式结构的楼房公寓。公寓住房有一室一厅(即独单)、两室一厅(即偏单)、三室一厅、四室一厅等。单元房内有厨房、厕所及上下水管道等设施,以阳台代庭院。单元式结构楼房通常 5~7 层,后来出现高层住宅楼,有楼梯和电梯间。

花园别墅式居民楼 90 年代后,伴随老城改造和传统民居拆除,出现新型花园别墅式居住小区。有单体和连体别墅两种,为别墅与花园相结合的高档住宅楼。进入 21 世纪,此种居民楼外部环境和配套设施更加完善。

第二章　鼓楼商业街

鼓楼位于天津老城中心，是天津城的标志，被视为"天津卫三宗宝"中的第一"宝"。八国联军侵华战争中被毁，重建后又因年久失修而拆除。2001年作为老城里"危改"标志的鼓楼复建竣工，同时修建了以鼓楼为中心，集旅游、文化、购物、休闲于一体的大型商贸旅游步行街。2010年鼓楼商业街再次进行整体改造，面貌焕然一新，成为集观赏老城、旅游购物及特色餐饮于一体的城市新亮点，再现了天津传统的商贸气质与文化。

第一节　鼓　楼

一、兴建

鼓楼初建于明弘治七年（1494），为钟鼓楼建制，实际上有钟无鼓，俗称"鼓楼"。钟鼓楼的主要功能是计时和报时，为古代城市中重要的礼制建筑。天津鼓楼，其形制为三层高的砖城木楼，底层为砖砌方形城墩台，四面开拱形穿心门洞，分别与天津城的四门相对应，贯通东门内、西门内、南门内和北门内四条大街。城楼上的二层木制楼阁为三开间重檐歇山顶，上覆筒瓦走兽。整体建筑稳重大方，飞檐翼角形态优美。悬挂在鼓楼顶层的铁质大钟，铸造于金代天德五年（1153），高 177 厘米，壁厚 11 厘米，下口径 133 厘米，下口形成 8 个垂足，分别铸有阳文八卦。大钟起初用于报时辰，到清末又兼做报火警用，晨昏各撞 108 杵。鼓楼为中空设计，空气上拔，传声效果非常好，据说天气晴朗时，鼓楼钟声可以传至杨柳青。鼓楼北面门额上书"声闻于天"四字以壮声势，楼上还有清代天津诗人梅宝璐撰写的著名楹联："高敞快登临，看七十二沽往来帆影；繁华谁唤醒，听一百八杵早晚钟声。"此联情真意切，成为鼓楼标志性的抱柱联，被人们广为传颂。

清光绪二十六年（1900），八国联军攻占天津城时，鼓楼因遭炮击楼基塌陷，梁柱倾斜，成为一座危楼。1921 年 7 月，鼓楼拆卸重修，同年 10 月末工程告竣，津门书法名家华世奎重书鼓楼门额和梅宝璐的抱柱联，绿瓦映红联，重现光彩。

中华人民共和国成立后，随着城市人口增加，老城里交通日益拥挤。因城市建设和发展需要，1952 年 11 月 7 日动工，将鼓楼拆除。鼓楼上的大铁钟交由天津大学保管，20 世纪 60 年代后交由天津市历史博物馆保存，供人观赏。

鼓楼　　　　　　　　　　　　　　　　　　　　　　　　　　　（2018 年　王英浩摄）

二、重建

2001 年 3 月，天津市政府投资 5000 余万元，在老城中心原址重建鼓楼，是年 9 月 28 日竣工建成。

重建的鼓楼，弥古而不拘古，采用明清建筑风格，新增须弥基座、绿琉璃券边、汉白玉栏杆。新鼓楼长、宽、高均为 27 米，主体建筑为现代钢筋混凝土结构，较先前更为壮观。木楼设斗拱飞檐，做墨线小点金带火焰球的殿式旋子彩画，重檐歇山顶，灰色筒瓦屋面，楼脊上飞檐走兽造型。清代诗人梅宝璐撰写的 28 字抱柱联，经重新书写后竖立于鼓楼之上。砖城四门开拱形穿心门洞，做明式七券七伏锅底券拱门，四面拱门上恢复汉白玉城门石，并分别镶刻"镇东""定南""安西""拱北"的门额。鼓楼的顶楼仍悬挂大钟一口，钟高 2 米，重约 3 吨。鼓楼一、二层陈列展出《天津世纪危改成果展》，供人参观。新鼓楼是现代技术与传统技艺完美融合的仿古建筑，也是天津老城里和鼓楼商业街的标志性建筑。

第二节 商业街

一、兴建

2001 年 5 月,南开区委、区政府为落实天津市政府关于建设老城商贸旅游区的规划要求,决定由香港龙城投资发展有限公司投资,在东门里大街、南门里大街、北门里大街兴建以鼓楼为中心的鼓楼商业街。鼓楼商业街作为2001 年天津市政府"改善城乡人民生活二十件实事"之一和 2001 年天津市重点建设的"五大旅游基地"之一以及南开区重点项目,于当年 7 月 18 日开工建设,翌年 9 月 26 日建成,10 月 1 日正式开街运营。

鼓楼商业街是在传统十字街旧城商业中心的基础上,以鼓楼为中心,分别向东、南、北三个方向延伸,总体布局呈 T 字形,南北向长 580 米,东西向

鼓楼商业街牌楼

(2010 年　靳煦男摄)

长 510 米,路宽 15 米,两侧商铺进深 18 米。商业街在空间形态方面的设计尽量延续其原有风貌,以鼓楼为中心制高点,鼓楼周围建筑较低,趋向老城厢边缘建筑高度逐渐升高。三条街道的布置均以鼓楼作为视线焦点,但店铺并非固定在一条直线上,而是有出有进,形成宽窄有序的街道平面。南北街口各建一座高耸的牌楼,南街牌楼正面题写"南达江淮",背面书写"定南"二字;北街牌楼正面题写"北拱神京",背面书写"拱北"二字。牌楼斗拱重檐,雕龙画凤,颇为精美。

鼓楼商业街建筑面积 8 万平方米,商铺经营面积 4.9 万平方米,采用左右对称长街式建筑模式,建筑一般为 2~4 层错落有致的仿明清小式建筑,雕梁彩绘,大坡屋顶,青砖青瓦对缝。古朴典雅的明清建筑风格和富有前瞻性、时代性的购物环境规划,以及传统味、文化味、天津味、民俗味、现代味的相互融合,使商业街别具特色。

二、提升改造

2009 年,鼓楼商业街提升改造,统一商铺标志风格,整修街容街貌,设置中英文导示牌,对标志性建筑物进行夜景灯光改造,制作新商亭 52 个,以经营旅游纪念品和传统小吃为主,并利用鼓楼、广东会馆、老城博物馆、文庙等历史建筑和文物,进一步拓展天津地域文化,传承历史文脉。同时,定期举办古玩字画、文化创意展示展卖活动,营造特色商业氛围。该商业街年客流量 780 余万人次,成为津城独具魅力的商、旅、文相结合的商贸旅游景观区。2010 年,该商业街年销售额近 1 亿元。

三条街的经营品种各具特色。其中:东街主要经营红木家具、工艺品、食品百货、瓷器、字画、画框、乐器、根雕、玉石雕刻产品等,为精品购物街,引领潮流,名品荟萃,主导时尚消费;南街以经营餐饮、住宿、娱乐、工艺品、油画、琴行、食品超市等为主,是集观光、休闲、娱乐为一体的休闲商业街;北街以经营古玩、字画、工艺品、红木家具、根雕、珠宝玉器、金店、古籍图书、青铜器、琴行等为主导,延续历史上经营黄金珠宝的商业余脉,多方融合,集传统文化、现代艺术为一域,文化气息浓郁。"狗不理""崩豆张""桂发祥"等一批津门老字号落户商业街;"泥人张""黄金阁"、天津古籍书店等商家也落户于

鼓楼商业街   （2009 年   靳煦男摄）

此。商业街内还增设旅游服务项目,如古玩城、婚庆市场、旅游超市等,仅东街 8000 平方米的旅游超市就入驻旅行社 40 余家,填补了天津市商贸旅游业的空白。

第三节   保护与利用

鼓楼商业街在建设时,区政府根据"保护为主、抢救第一、合理利用、加强管理"的文物保护原则,在拆迁期间对文物建筑进行论证,保留多处市、区级文物古迹和历史风貌建筑,留存一批有价值的砖雕、木雕、石雕等。不仅广东会馆、老城博物馆、仓门口教堂、元升茶楼、中营小学等得到完整保护,一些传统民居四合院、大四合套院也得到合理改造和利用,成为新的文化景观、旅游景点。如改造为格格府典藏博物馆的祁家大院、整修为特色餐馆"卫鼎轩"的北门里 70 号孙世泽旧居、开辟为天津居士林的姚家大院,以及天津清末八大家之一的鼓楼东杨家大院等,都不失为成功之作。

鼓楼商业街建成后，在保留大量名胜古迹的基础上，本着动静结合、雅俗共赏和仿古但不拘泥于古的原则，借鉴国外商业步行街成熟经验，通过完善店铺规划和规范的管理达到和谐统一效果，既有浓郁的文化底蕴，同时融入现代商业意识，具备现代商业设施的功能，在项目经营上体现出强烈的时代感。

商业街上，分别点缀10余组体现天津城市发展历史的铜铸雕塑小品，如"天津古城地图""津门保甲图"和"大龙邮票""古式车轱辘""达仁堂药店的长算盘"及"卖糖堆儿""吹糖人儿""捏泥人""裱画""算账先生"等，或古朴典雅，或意趣横生。八根文化柱分别取材于"精卫填海""哪吒闹海"等神话故事。还有表现清代和现代津门景物风光的"津门十景"和"新津门十景"、青石雕刻喷水池等，使商业街区与老城里历史文化有机融合，营造了文化氛围，提升了文化品位。另外，街内新增山石名木、帆船亭榭和六道水景，为游人提供赏心悦目的视觉享受。独到的设计、新颖的山水园林小品，成为该商业街独具魅力的景观资源。

鼓楼商业街开街后的第二年，即2003年10月21日，天津市政府举办了隆重热烈的天津鼓楼国际民俗风情旅游节。开幕式上，来自14个国家的17支表演队伍及市内部分民间演出团队参加演出，展示特色文化风采，增强了天津同国际民间文化、民俗文化交流。之后，旅游节每年秋天举办一次，以歌舞、民间花会等艺术形式展现各国精彩的民俗风情，以此带动鼓楼及周边地区旅游商贸业发展，成为南开区的民俗品牌活动之一。

至2010年，鼓楼商业街逐渐成为天津市区延续津沽历史文脉、具有文化色彩与人性化购物环境以及现代商业魅力的步行街。

第三章　古文化街

金元以来，以天后官为中心的官南、官北大街，已经成为直沽的著名商业街区，后来发展成天津城市和文化的原点，至今已有 700 年以上的历史。1985 年经全面整修，改造成以"津门故里"和"沽上艺苑"为主题的人文景观游览区和以"中国味、天津味、文化味、古味"为特色的商业经营区。1986 年 1 月 1 日建成开业，命名为天津古文化街，1989 年"故里寻踪"被评选为天津新十景之一。2005 年被评为中国特色商业街，2007 年被批准为国家 AAAAA 级旅游景区。

第一节　古街与复建

一、宫南与宫北大街

古文化街位于海河三岔河口西侧、南开区东北部,其前身即以天后宫为中心的宫南、宫北大街。

宫南、宫北大街东依海河,西至东马路,南临水阁大街,北抵东北角,全长 680 米,天后宫位于其中心。天后宫前广场,为天津市民俗、宗教、文化、商贸聚集地。自元代天后宫建成后,宫南、宫北大街逐渐繁华,至明清时期形成一条集市贸易街。据《工商行名录》记载:宫南大街旧有店铺 50 余家,宫北大街有 90 余家。沿街的海味店、米面庄、肉铺、酱园、烟铺、药铺、布店、饭馆、钱号、客栈等店铺鳞次栉比。每逢农历腊月,年画、春联、吊钱、绒花、空竹、鞭炮、灯笼、泥人等各种年货、"耍货"(玩具)摆满街头,人们游览购物,川流不息。天后宫及宫南、宫北大街成为天津卫和近郊乡民年俗必游之地,自然形成年货市场。

1937 年"七七事变"后,民生凋敝,宫南、宫北大街商业逐渐衰落。1949年 1 月天津解放后,店铺有的合营迁走,有的转为工厂,有的改为民居,昔日繁华热闹的景象荡然无存。至 1979 年,宫南、宫北大街完全失去商业街的基本功能,大部分店铺改为居民住房。

二、复建

为恢复宫南、宫北大街昔日的繁华,1985 年天津市政府决定筹款重修宫南、宫北大街,并列入当年改善人民生活十件大事之一。是年 3 月拆迁,动迁居民 600 余户,工厂、商店 22 家,拆除 930 间居民住房及企业用房。是年 5月 17 日动工建设,12 月 17 日,全街 2.2 万平方米的土建及天后宫修复工程

古文化街商铺　　　　　　　　　　　　　　（2010年摄　南开区商务委提供）

全部竣工。1986年元旦开业，并定名为"天津古文化街"。

　　古文化街南北街口各有牌坊一座。南口牌坊正面书写"津门故里"4个泥金大字，背面题写"晴雪"二字；北口牌坊正面书写"沽上艺苑"，背面题写"金鳌"。街道两旁安装37盏六角宝塔型路灯，依次排开，与古朴的方砖路面相映成趣。

　　街内很多店堂内装修古朴典雅、古色古香。全街百余块匾额、数十副楹联，除天津一些书法名家书写外，还有出自全国的书法名家之手。如"修竹斋""文林阁""大雅堂""积墨山庄""来今雨轩""三味书屋""芥园书屋""秋水轩"等，风采各异，充满翰墨气息，犹如名家荟萃的书法展览。

　　古文化街开业以来，吸引了众多天津和外地游客，至1992年接待游客8000余万人次。许多外宾赞扬古文化街是"天津的一颗璀璨的明珠"。

　　2002年12月4日，按照市委、市政府关于对海河两岸实施综合开发改造的战略部署，市房产总公司成立古文化街海河楼项目工程指挥部，投资20余亿元对古文化街及周边地区开发重建。该项目东起张自忠路，西至东马路，南临水阁大街，北抵通北路，拆迁5000间危陋房屋、18万平方米。2004年9月28日，古文化街重新开业。全街建筑面积1.3万平方米，主街和戏楼落地重建，建有商铺121间，基本保留原有道路的线性肌理、原有建筑风貌和基本格局。同时,增设中央空调系统、防盗监控系统和消防、停车、公厕等现代化配套设施,使古文化街在不失古韵的基础上,又具有现代化使用功能。与古文化街同时建成的有文化小城、百年民居通庆里、玉皇阁广场、天后宫广场、海河文化广场。坐落于原大狮子胡同的严复故居被拆除后,在其遗址上建造"天演亭",为露天建筑,立一尊铜铸严复坐像,供人瞻仰。是年10月,古文化街海河楼开发项目被定名为"古文化街旅游商贸区"。

2005年3月,古文化街被国家有关部门命名为"中国特色商业街"。是年9月,建筑面积3.05万平方米的天津古玩城开业,有店铺300余间。古玩城内除经营古玩外,还汇集玉器、字画、现代文化用品、工艺品等。

2006年9月,古文化街商贸旅游区建成。整修一新的古文化街与其相连的天津古玩城、北方美博城、商业综合楼以及风情水畔等大型商业建筑群,建筑面积20万平方米,开业商铺830家,形成集民俗、旅游、商贸、休闲、娱乐、文博于一体的大型商贸旅游区。2007年,该街被国家旅游局(今文化和旅游部)评定为国家AAAAA级旅游景区。

2009年4月,古文化街商贸旅游区重点打造"风情美食街",完成夜景灯光提升改造。2010年5月1日,古文化街风情美食街开业。沿街48家门面经营数百种各地美味小吃。除石头门坎素包、耳朵眼炸糕、煎饼馃子、熟梨糕、

天津古文化街南口牌坊　　　　　　　　　　　　　　(2017年　靳煦男摄)

茶汤等传统津味小吃外,还有四川龙抄手、广州烤生蚝、关东煮、锦州风味烧烤、山东光棍等外地名小吃。开街当日营业额 30 余万元。

三、建筑特色

1985 年古文化街兴建时,完全依照宫南、宫北大街原来自然形成的轮廓,两侧 80 余家商铺均为仿古建筑风格,在构造上富于变化,极少重复,各店堂下檐分别彩绘了汉、唐、宋、元、明、清六个朝代数百幅古典文学、神话传说的故事,形同展开五彩缤纷的巨幅画卷。整条街体现了"中国味、天津味、文化味、古味"的文化特色。各个单体建筑还装饰有砖雕、木雕。砖雕的吉祥图案主要有梅、兰、竹、菊、松树、牡丹等树木花卉,龙凤呈祥、八骏奔驰等禽鸟走兽,苏武牧羊等历史故事,约 100 余幅。均选用特制的青砖,采用透雕、浮雕等表现手法,玲珑剔透、生动传神。商铺还有各式各样传统的隔扇、支摘窗及槛窗的纹样,如北方的步步锦、灯笼框、豆腐块等几种形式,与苏州园林相似。

2004 年,古文化街重新整修后,全街两侧仿古建筑的檐下重绘了以六朝历史故事、四大名著为题材的彩绘,共 800 余幅。

第二节　天后宫与妈祖文化

一、天后宫

(一)兴建与修复

天后宫坐落于古文化街中心处,坐西朝东,面向海河,是天津市区最古老的历史建筑,也是国内现存年代最早的天妃宫、妈祖庙之一。天津天后宫与台湾北港朝天宫、福建湄洲岛妈祖庙,合称为中国"妈祖三大庙"。

天后宫原名天妃宫,俗称娘娘宫,建于元泰定三年(1326)八月。天后宫内供奉的天后,是一位保护海上航行的女神,在历史上确有其人。天后名林默,福建莆田湄洲岛人,生于宋建隆元年(960),卒于宋雍熙四年(987),享年27岁。据记载,她曾多次救助遇难船只,被众人称赞为龙女;她逝世后,当地百姓十分怀念,每当在航海中遇到风险,就幻想有一种超人的力量来拯救,祈祷林默的保佑,这逐渐成为人们的精神寄托。当人们航行闯过风险而平安渡海后,就附会于龙女林默的神灵护佑。此传说起初只是在民间广为流传,后被官方承认,林默被宋代以后历代皇帝朝封,元代至元十八年(1281)晋封为天妃,清康熙二十三年(1684)晋封为天后。

天妃宫于元代建成后,历经77年,在明永乐元年(1403)重修。之后,于明正统、万历年间和清顺治、乾隆、道光、同治年间,以及民国时期都进行过局部重修和扩建、改建。1954年,天后宫被定为市级重点文物保护单位。1957年,天后宫内主要建筑进行了维修、油饰。1966—1976年"文化大革命"期间,天后宫遭到破坏,前殿、牌楼和戏楼被拆毁。1976年,唐山大地震导致宫内损坏严重,变成破烂不堪的大杂院。

1982年,天后宫再次被定为市级重点文物保护单位。1985年,天后宫作为市政府重点古建筑修复工程进行了修复,修复工作以保证天后宫中轴线上各殿建筑原有风貌为主,重建了戏楼、牌坊、前殿,调整和重建了原来参差不齐、拥挤零乱的两侧配殿,最后重建了两层结构的皇经堂。

修复后的天后宫,从东头戏楼到西面山门之间的广场,可容纳上千人;戏楼上匾额"乐奏均天"与山门门额上砖刻"敕建天后宫"遥遥相对;山门前的两座幡杆(实测南面幡杆26.2米,北面幡杆25.94米)加固整修,每逢节日就将幡旗悬于杆上,两面幡旗各绣着"津门艺萃百肆迎春"和"溟波浴日济运通航"字样,迎风招展,颇为壮观。山门北侧即为过街楼张仙阁。

天后宫内,进入山门即牌楼,牌楼为木结构两柱一楼式,正面斗拱下为"海门慈筏"四字横额,背面横额为"百谷朝宗"。两侧是重新整修的钟鼓楼,前殿是面阔三间的过堂殿,殿内重塑了王灵官、嘉恶、嘉善、千里眼、顺风耳的全身立像。前殿门前屹立着一对修建时出土的石狮子。穿过前殿即为坐落在高大台基上的主体建筑正殿(亦称大殿)。正殿平面为凸字形,前楼卷棚抱厦,后凸出部分称为凤尾楼,构成正殿的整体。大殿正中佛龛中重塑天后塑像,四名仕女站立两旁,塑像前是供桌、供器,殿内两侧陈列銮驾一套,十分肃穆庄重。大殿台基周围均为花岗岩条石包砌,台基东南角条石上仍保留有"道光二十三年"字样。

大殿后面的藏经阁,为面阔五间上下两层砖木结构,在顶层榫头砖上和楼阁内下层南北山墙的壁碑上,均镶刻有民国十二年"重修天后宫后楼碑记"的印迹。藏经阁前的台基两侧立有两座高大石狮,一座为修建时出土,一座为复制。藏经阁后是启运殿,为供奉天后父母的面阔三间小殿,在其南山墙内侧发现绘有壁画,内容是道家的"四值功曹"。在启运殿西北角重建了面阔四间两层外廊式皇经堂,现为天津民俗博物馆办公室。

20世纪90年代及以后,在正殿和藏经阁两侧陆续修建20间配殿。在南、北配殿分别供奉着四海龙王、河伯、雷神、魁星、关帝、关平、周仓、六十甲子神像,以及王三奶奶、白老太太、挑水哥哥等民间人物塑像。

1997年,天后宫筹集80万元,历时一年,在前殿两侧建成"天后碑廊"。碑廊长69米,有碑刻81块,为当代书法名家书写的元代以来有关颂扬天后神迹、反映天津漕运和酬神、社火、民俗活动的诗词、对联、匾额,具有较高的史料价值和艺术欣赏价值。

2003年,天后宫再次整修,保留了明代重修后的建筑风格,成为一座雄伟壮观、规模宏大的古建筑群。2009年,天后宫大殿屋顶按照"修旧如旧"原则进行修缮。2010年2月,天后宫举行"天后宫春祭大典暨天后宫大殿修缮

天后宫敕建690周年祭拜大典　　　　　　　　　　　　　　　(2016年　王英浩摄)

竣工剪彩活动"。是年4月，天后宫实施排水管网改造。

天后宫自修复开放以来，成为中外游客和港澳台同胞参观游览的旅游胜地，每逢传统节日和天后诞辰之日都要举行民间花会表演，天后宫戏楼也时常演出戏曲，吸引众多游客到此观光游览。

（二）雕塑、彩绘及装饰艺术

石雕艺术 天后宫石雕雕件主要有3件，即放置于前殿前一对元代石麒麟、正殿前一对明代石狮、藏经阁前一对明代石狮，是天津市区内历史最悠久、艺术水平最高的石雕艺术珍品。

前殿前石麒麟，高201厘米，采用汉白玉雕琢。石麒麟面目生动，通身造型概括、简洁、夸张；刀法生动，既有大刀阔斧之处又有小心精细之笔。麒麟的头部夸张，比例较大，造型和艺术手法都有北魏石雕之风格，尤其是左边麒麟脚踩海龟，应为护佑海神的异兽。

正殿前石狮，高142厘米，雕刻于明代，造型端庄大方，刀工细腻，由于年代久远，石狮内所含铁分子氧化而变成红褐色。

藏经阁前石狮，高230厘米，是明代艺术珍品。雕琢采用写实手法，雕工精湛，比例准确，造型生动，线条流畅、精美。石狮双目圆睁，作张嘴甩头大吼状，观者似闻其声，十分威严，艺术水平高超。

木雕艺术 天后宫内各殿的木雕图案大都有吉祥的寓意，多为龙、凤、百鸟、四季花草及牡丹、红梅、腊竹、万寿等吉祥纹饰，具有浓郁的审美情趣。因天后是海上女神，其中部分雕刻采用龙、海水及凤凰的图案，艺术风格既有南派的纤细、华丽，又有北派的雄浑、庄重。在众多的神龛木雕中，所雕形象大都以龛内神像为依托，如观音像神龛的木雕，为立体透雕，造型别致精巧，观音大士身在松石翠竹之间，立意新颖，巧夺天工。

天后宫内两个代表性的木雕，一件是大殿内高9.08米、宽6.1米的红木天穹罩，采用透雕和高浮雕手法，是典型北方木雕风格，颇具皇家风范。天穹罩共雕刻有喜鹊、画眉、绶带、孔雀等八种飞禽，雕工细腻，构图合理，造型准确，极具装饰和实用价值，是一件北方木雕风格的艺术珍品。另一件是凤尾观音殿的神龛木雕，整个木雕华美富丽，重点部位贴金，辉煌夺目，以垂花罩方式，采用透雕与浮雕手法，花卉、龙凤、祥云纹样同主体人物有机组合，处处显现精巧华贵，是一件典型闽南风格木雕作品。

神像彩塑艺术　天后宫历经 600 余年历史沧桑,留存下来的原有神像雕塑已经不多,大量诸神雕塑多为现代艺术家的手笔和杰作。

天后宫诸神雕塑的艺术特点整体上可分为两类:一类是威猛、夸张、浪漫,体现以一种艺术张力来感染人的雕塑作品,给人极大震慑力,使人产生畏惧之感。如前殿的王灵官、千里眼、顺风耳、嘉善、嘉恶,南配殿的四海龙王,北配殿的河伯、雷神、魁星等。艺术家对道教护法神王灵官的塑造,采用突出面部表情极为夸张的手法,雕法概括简洁,重点描绘利剑般双眉

天后塑像　　　（2008 年　武延增摄）

和凸出的双眼、突起的颧骨和怒吼的嘴,使人感受到一种自然神力和震慑力。千里眼、顺风耳、嘉善、嘉恶四位护法将军的胸部、腹部的肌肉,以及腿部的骨骼更显示艺术家的浪漫、夸张的艺术风格,深受历代佛教、道教有关力士雕塑风格的影响。

另一类则是通过写实、平民化的手法,体现人本性的细腻传统的雕塑手法,以一种内在美去感化人的雕塑作品,使人们感到亲切从而达到心灵慰藉。主要是以天后圣母为代表的诸神像。采用较为严格的道教塑像艺术风格和传统审美意识,同时融入当代人的审美标准。天后的脸部丰满、尊贵,以鼻线为中心两边十分匀称,宽大的前额,弯弯的双眉,庄重慈祥的双目俯视尘世一切;高高的鼻梁下,一张永含微笑的嘴,以艺术的感染力传递出真、善、美的情感。站立于天后两旁的四仕女和王三奶奶、白老太太、观音大士、关帝以及六十甲子等均属于写实手法。

彩绘装饰　天后宫的建筑彩绘,主要属于旋子彩画,并带有显著的明代特征。其中牌坊、前殿和大殿的枋心头采用一波三折或一波两折形式,此为明代早、中期彩画中运用最为广泛的形式。前殿彩绘采用墨线点金,比较素雅端庄,藻头纹饰外轮廓呈现如意头形,内附旋瓣和云头纹等明代特征。大殿的彩绘为金线点金旋子彩画,规制颇高,其旋花华丽繁复,雍容华贵,具有

对称的整体造型,花心由莲瓣、如意、石榴等组合而成,旋瓣层层翻卷,其形式特征与明代宝相花的典型特点类似;其枋心装饰采用双凤枋心,衬托出天后等级的高贵,反映了天后宫建筑的特殊性。其余建筑彩绘,以明式彩绘基调为主,杂糅清代元素,其中枋心的锦文花卉样式颇多,华丽美观。

20世纪90年代后,天后宫对彩绘部分曾进行维修,根据宫内供奉海神特点,在山门的彩绘中加入了海水和祥云,丰富了天后宫彩绘内容。总体上看,天后宫彩绘法式层次严谨,色彩典雅富丽,在传统中融入创新,为这一古代建筑增色。

壁画装饰 1998年7月,一幅长26米、高2.6米的彩色巨幅壁画,绘制在天后宫大殿的南、北山墙上,名为《天后圣迹图》,为天津民俗专家、画家蔡长奎历时三年完成。该壁画长卷完整地反映了天后自降生、得道至升天成神的民间传说,构图严谨、气势恢宏,是一幅具有独特艺术风格和艺术魅力的民俗绘画杰作。创作中借鉴吸收敦煌壁画、永乐宫壁画、北京法海寺壁画和毗卢寺壁画的表现手法,并融进西洋绘画手法,以增强壁画的艺术表现力,使整个画面出现几度空间交相辉映、多种人物交织出现的场面;画作中的人物形象,无论是人、神,还是鬼、仙,均造型准确,形象鲜明而简洁生动,线条清晰而自然流畅,笔墨浓淡适中。壁画中人物凡300余个,汇总有关天后娘娘的民间传说27回,故事有很强的惩恶扬善、除暴安良教育作用。壁画着力表现的天后形象,神采飘逸,神态安详端庄,体态轻盈丰满,双目生动传神,颇有唐宋时代人物的风骨,比较贴近普通百姓生活习俗和欣赏习惯,体现了质朴、健康、深刻的人民性。

二、妈祖文化

(一)天后祭典 天后祭祀庆典活动,源自天津民间,一般在春季举行,即每年农历三月二十三天后诞辰之日,俗称"娘娘会"。起源于元代,历经明代,至清代康熙年间(1662—1723)始盛,时又称"皇会"。其规模由小到大,清康熙乾隆年间成为全国"三大官祭"活动之一。2008年6月,"天津皇会"被列入第一批国家级非物质文化遗产扩展项目名录。

每年天后圣母诞辰之前,出会4天,三月十六为"送驾",三月十八为"接

2014年4月22日（农历三月二十三），天后祭奠活动　　　　　（邢纪新摄）

驾"，三月二十和二十二两天"出巡散福"。皇会原来由天后宫道士主办，后由盐商、当商承办，他们为炫耀阔绰，争强斗胜，又有官府支持，故在会期前后，各地到津货物无论水路、旱路一律免税。各地乡民将手工艺品、农产品竞相向天津运销，外地商贩也争相到津购货，遂形成大型城乡物资交流场面。《津门杂记》描写盛况云："三月二十三日，俗传为天后诞辰，百戏云集，谓之皇会，香船之赴庙烧香者，不远数百里而来，由御河（南运河）起，至北运河、海河及三岔河口等沿河一带，所有可泊船之处，几无隙可寻。河面黄旗飞舞空中，俱写天后进香字样，红颜白发，迷漫于途，各铺店所售货物，亦利市三倍云。"

　　乾隆年间（1736—1796）至清末是皇会的全盛时期，所有仪仗极尽奢华之能事。出皇会时，走在五位娘娘辇前的是"扫殿会"，先打扫大殿以供娘娘驻跸。清代时扫殿会的人须由有功名者担任，身穿朝服，顶戴花翎；民国时则改为身穿灰长袍，上罩青马褂，头戴青缎帽，足登青缎靴。扫殿会之后有"扫街会"（洒水扫街）、"门幡会"（高举天后宫前两根幡杆复制模型）、"太狮会"（抬着用木料仿造庙内的石狮一对，形态逼真）。之后依次为：跨鼓、花鼓、西池八仙、高跷、秧歌、小车会、捷兽（即耍狮子）、五虎扛箱、重阁（又名节节高）、中幡、大乐、道众行香。再后依次为：送生娘娘宝辇、斑疹娘娘宝辇、子孙娘娘宝辇、眼光娘娘宝辇，每座宝辇前有法鼓、接香会、日罩、灯扇、提灯、提炉。天后娘娘华辇前是灯亭、法鼓、接香会、大乐、鹤龄、道众行香、灯扇、提灯、提炉、日罩、銮驾，华辇之后是护驾，由8名骑白马打黄旗的随众在皇会最后压阵。皇会极其繁复、奢华。民国期间出过3次皇会，分别是1915年、1924年、1936年，之后再未举行皇会。

（二）中国·天津妈祖文化旅游节　　改革开放后,随着妈祖文化的不断升温,为继承和弘扬妈祖文化,广泛结交海内外朋友,南开区政府与天后宫管委会于1995年首次恢复天后诞辰祭典。之后,天津市政府、南开政府在天后宫"皇会"盛大祭祀活动停办65年之后,于2001年4月19—22日在天后宫前广场举行首届中国·天津妈祖文化旅游节。全国各省、自治区、直辖市和中国港澳台地区及马来西亚、新加坡、日本、美国等国家的中外来宾参加庆典活动。开幕式上,来自台湾北港朝天宫、澳门妈祖阁、福建湄洲妈祖庙、天津天后宫的代表将分别取自台湾日月潭、澳门濠江、福建闽江和天津海河的水一同注入青花瓷纪念瓶,"四水合一"的独特仪式,昭示中华民族同宗同祖同根同源,拉开了妈祖节大幕。开幕式结束后,在金汤桥至狮子林桥的海河两岸举行了声势浩大的踩街活动。在一阵阵锣鼓声中,仪仗会、法鼓会、高跷会、叉会、秧歌会等一支支民间花会队伍边表演边行进,让中外来宾、天津市民大饱眼福。妈祖文化旅游节期间,还举行了戏曲欣赏、综艺晚会等丰富多彩民俗活动,在天后宫举办了"天后宫与天津城市发展展览",成立了妈祖文化研究会,进行妈祖文化研讨并先后在南开工业园、天后宫举办经济信息发布会和经贸洽谈会。

　　2004年9月25日,第二届中国·天津妈祖文化旅游节开幕,恰逢天津迎接纪念设卫筑城600周年,盛大的开幕仪式和文艺演出在刚刚落成的海河文化广场亲水平台举行。来自各省、自治区、直辖市和中国港澳台及美国、澳大利亚、新加坡等16个国家地区的3000余名中外宾朋以及上万名游客参与盛会。9项系列活动内容丰富、精彩纷呈,

2001年,首届中国·天津妈祖文化旅游节开幕式"四水合一"仪式
（武延增摄）

体现了旅游和商贸、经济、文化的高度融合。"福佑津门妈祖情"大型文艺演出，规模宏大、热烈隆重；花会踩街表演精彩纷呈；海河焰火晚会新颖独特；《天津设卫筑城 600 周年图片展》和中华妈祖文化论坛，扩大了天津作为中国北方妈祖文化中心在世界的影响；国际民俗风情艺术表演，让游客看到不同国家、地域的特色民俗文化。此届妈祖文化旅游节，海内外来宾深切感受到妈祖文化在天津的深厚底蕴，盛赞天津老城综合开发改造的丰硕成果。

2006 年 9 月 20 日开幕的第三届中国·天津妈祖文化旅游节，在海河亲水平台隆重开幕，全国政协副主席、台盟中央主席张克辉出席开幕式并宣布开幕，天津市市长戴相龙出席开幕式并致辞。来自 11 个国家和地区的 3600 余多名海外友人参加活动。此届妈祖节开幕式演出充分利用海河亲水平台，以狮子林桥至金汤桥之间的海河水面为主要表演区，以不同造型的彩船为表演舞台，做足"水"的文章，既体现出妈祖文化深刻内涵，又彰显天津本土民俗文化特色。水上表演结束后，由天津地方花会、环渤海地区花会与台湾民间艺术团等 20 支队伍 800 余名演员组成的大型花会踩街表演队伍绵延 1000 余米，踩街 3 千米，进行各具特色的民间表演，将开幕式推向高潮。为期 3 天的妈祖节，举办 15 项文化、旅游及招商活动。

2008 年 10 月 3—5 日，天津市政府和南开区政府、河东区政府等共同举办"第四届中国·天津妈祖文化旅游节"。来自各省市和中国台湾、香港、澳门地区以及日本、美国、新西兰、马来西亚、新加坡、荷兰等国家的友好嘉宾、妈祖界知名人士、专家学者和社会各界人士 200 余人出席开幕式。开幕式的大型文艺演出在天后宫前海河亲水平台举行，"盛德齐天妈祖颂""河海相依妈祖缘""同根同源妈祖情""四方同心妈祖魂"四大板块演出。开幕式演出结束后，海内外嘉宾参加妈祖海河出巡、河东区天妃码头揭幕仪式及在天妃宫前广场举行的迎驾妈祖、踩街和民俗表演等活动。妈祖节期间，南开区政府与各承办单位精心组织举办妈祖文化与中华文化遗产学术论坛、南开区与台资企业恳谈联谊、友好城区看南开等活动。

2010 年 9 月 26—28 日，天津市政府、南开区政府举办第五届中国·天津妈祖文化旅游节。来自各省市和中国港澳台等地区及日本、美国、法国、德国、澳大利亚、俄罗斯等 16 个国家的嘉宾、专家学者等近 2000 人参加开幕式。开幕式上，举行祈福大典，来自天津歌舞剧院、华夏少儿艺术团的演员们

2012年9月27日,第六届中国·天津妈祖文化旅游节踩街活动
(廖年生摄)

表演《欢腾海河,喜迎宾客》《大海的女儿》《津门满堂红,代代妈祖情》《妈祖灵光,光耀四方》《四海恩波祭妈祖》等歌舞节目。妈祖节期间,先后举行妈祖文化学术论坛、南开区经贸合作恳谈会、"影像南开"台胞台属摄影展,邀请宫庙嘉宾、友好城区代表参观南开区规划建设展览馆、天津庄王府,借势宣传推介南开。

2012年9月27—29日、2014年9月24—26日、2016年9月9—11日,天津市政府、南开区政府先后举办第六届、第七届、第八届中国·天津妈祖文化旅游节,开展妈祖文化交流活动,进一步宣传推介南开。

(三)妈祖文化交流　20世纪90年代后,随着改革开放日益深入,为弘扬中华传统文化、传承妈祖文化,南开区政府不断加强与港澳台地区交流。南开区政府与台湾文化界人士建立频繁的友好往来关系,天津天后宫与台湾北港朝天宫每年都有互访、研讨和文化交流,吸引台商到天津投资。2001年4月至2010年9月,在市、区政府举行的5届中国·天津妈祖文化旅游节期间,都举行以弘扬妈祖文化、展示天津发展为主要内容的文艺演出和民俗文化活动,并与台湾、港澳地区文化界人士举行深入的中华妈祖文化研讨,进一步增进天津与港澳台同胞的感情、文化交流和经贸合作。2006年11月26日,由天津市台办、市政协文史委、市旅游局、市文化局、台盟天津市委会和南开区政府发起成立天津市妈祖文化促进会,为海内外妈祖文化机构和人员开展学术研究和交流,搭建新平台。

第三节 风貌建筑与历史遗迹

一、玉皇阁

　　始建于明初,重建于明宣德二年(1427),坐落于天津老城的东北角,坐西朝东,面对海河。由于其地势较高,又濒临三岔河口,视野开阔,明清时期便是民间九九重阳登高赏菊理想之地。清代鲁之裕曾在《玉皇阁》诗中描写在玉皇阁登高的情景:"直在云霄上,蓬瀛望可通,万帆风汇舞,一镜水涵空。"

　　玉皇阁明清时期是一座规模较大的道观,原建筑包括山门、铁吼(一对)、牌坊、大殿、两侧配殿、钟鼓楼、八卦亭、清虚阁。因年久失修有倒塌危险,除主体建筑清虚阁予以保留外,其他建筑于1956年拆除。其后在清虚阁前改建教学楼,建立玉皇阁小学。

　　清虚阁占地面积235平方米,建筑面积300余平方米,楼阁梁架结构,面阔五间,进深四间,分为上下两层,上层周围有回廊环抱,可登临凭栏远眺。阁顶前檐下悬有康熙四十年(1701)秋月,恭亲王书写"清虚阁"匾额一方。阁的二层楼内有玉皇大帝铜像一尊,铸于明代。阁顶作九脊歇山式,中心铺设黄色琉璃瓦,两侧铺设绿琉璃瓦,采取"剪边"做法。在红色栋额之上,

玉皇阁 　　　　　　　　　　　　　　　　　(2014年　张树琪摄)

绿衣仙人簇拥,龙凤、狮子走兽飞腾,显得宏伟壮丽,别具风采。

按道教习俗,玉皇阁每逢旧历正月初八要"祭星",九月初九要举办"攒斗"的宗教活动。玉皇阁历经600年漫长岁月,虽然只残留清虚阁,但它在建筑高层楼阁技巧方面,仍然有很高的艺术与文物价值。它是天津市唯一明代古典楼阁式建筑,也是天津市区内仅有的木结构古代高层楼阁。

2004年,按照"恢复功能,修旧如旧"原则,对玉皇阁进行大规模修复。玉皇阁现为市级重点文物保护单位。

二、通庆里

坐落于古文化街北端东侧。通庆里建筑群始建于1913年,是天津市规模较大的中西合璧式建筑群,为4个独立院落串联组成的里巷,在里巷口处建有过街楼,楼口上端镶有蝴蝶状镂空木雕,寓意"通达吉庆",通庆里也由此得名。院落内相向有两座青砖二层楼房,砖木结构,坡屋顶,首层及二层均建有开敞外廊,立面层次丰富,建筑风格、建筑装饰和里巷布局既有中国传统元素,又有西洋建筑符号,即在徽式建筑风格基础上又融入西洋建筑特点,蕴含较浓郁的津味。据传,通庆里曾经是一大银号,后改为民居。在整修之前,住有72户居民,居住条件拥挤,生活设施简陋。

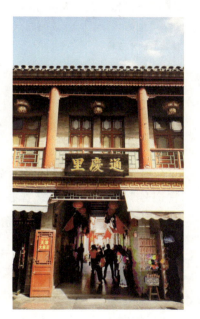

通庆里　　　(2010年　武延增摄)

2003年,由天津市房产总公司按照"恢复功能,修旧如旧"原则对其修复。经整修后,通庆里成为继承、再现和展示传统文化、民俗文化的窗口。2005年8月,通庆里被列为天津市重点保护的历史风貌建筑,有"泥人张"美术馆、海雅茶园、一品堂会所等坐落于此。海雅茶园经常有书画艺术展览活动;一品堂经常有红木家具展销活动。

重建后的官银号 （2006 年　武延增摄）

三、官银号

坐落于东北角北马路东端,始建于清光绪二十八年(1902),全称"直隶官银号",为天津第一家官办金融机构,典型欧式建筑风格,为当时天津一景,后成为天津三大副食商场之一。1994 年,因北马路拓宽贯通内环线,将原有建筑拆除。

2006 年 9 月,在天津古文化街北口恢复重建官银号,其建筑外观依据老照片复原,建筑面积 3050 平方米,全部采用清末民初的建筑设计风格,并设立"百年官银号"展室,再现天津金融业历史文化。官银号成为天津金融业历史的象征和标志。

第四节　古街市场与民间艺术传承

一、古街市场

　　1985年古文化街重建后,街长687米,宽7米,建设商铺92间,由南开区政府和市文化局等适时安排一些国有、集体单位入驻。1986年开业后,经营商品主要是具有天津地方特色的四大民间工艺品(杨柳青年画、泥人张彩塑、天津风筝、刻砖),以及牙玉雕、景泰蓝、艺术陶瓷、镶嵌漆器、金银饰品等名优工艺品;碑帖字画、线装古籍、文史类书、少儿读物、科教用书;中西乐器、音响磁带、照相器材、集邮用品;各式灯具、扇子、室内装饰材料;鞭炮、剪纸、绒绢花、空竹、各种玩具及竹、柳、藤、棕制品等2万余品种,均由专点销售。该街还设有天乐园文艺厅及4家不同风味的餐馆。是年, 销售收入4775.3万元。

　　1987年,出现联营企业。如娃娃乐儿童用品商店、萧娘花样店、四宝堂工艺品商店、河洛书店、古纺阁丝绸庄、七弦堂电信器材商店。是年,联营企业营业额399.77万元。1989年,以经营景泰蓝、苏绣、内画水晶为主的乔香阁工艺品商店入驻古文化街, 是街内第一家出口贸易企业, 商品远销德国、日本、马来西亚等国家, 年

2010年,古文化街年货市场　　　　　　　　　（王大珩摄）

营业额 100 万元。至 1995 年,古文化街年均客流量 900 余万人次。

2004 年始,古文化街每年举办年货市场,主要商品包括吊钱、春联、灯笼、空竹、年画、特色食品、传统小吃以及民族服饰等,吸引游客购物游览,节日气氛红火热闹。从最早的戏楼广场,延伸到古文化街主街及其相连的周边商业区域;经营品种由吊钱、灯笼等节日商品,扩展到节令食品、传统小吃、民俗服饰、特色手工制品等,市场规模不断扩大,形成集购、吃、娱、游为一体的综合性年货市场。每年元旦、"五一"劳动节、端午节、中秋节、国庆节等节日期间,均举办文化旅游购物活动,如包粽子比赛、市民自制中秋月饼等一系列互动参与的商品促销活动。1986—2004 年,古文化街销售额 12 亿元,利税 1.05 亿元,为建街投资的 5 倍。

二、地摊市场

在古文化街店铺周围,售卖各种古旧货的地摊较多,逐渐形成一定规模的市场,成为街内正规店铺经营的有益补充。地摊见缝插针,在宫北大街店铺的东、西两侧和古玩城西、南两侧空场上,布满较为密集的摊位,主要品种有各种古玩玉器、古旧书籍、旧报纸杂志、旧连环画、旧邮票、旧影集等;还有体量较小的工艺品,既有小摆件,又有小挂件。这些地摊为自发组织、自由交易,多为小本生意,议价经营,价格比较便宜。每逢节假日和春秋两季地摊市场较为兴旺。每年农历腊月,各种年货、耍货也摆上地摊,只有剪纸、窗花、吊钱、春联等让位于天后宫年货市场,由此为古文化街增添了浓浓的年味和民俗文化气息。

三、庙会

古文化街内,除宫南宫北大街外,天后宫前广场的四方空间内,自然形成了一处天津民俗文化展示的平台和表演的舞台,多种民间艺术、民间绝活、非遗项目、名品小吃,在这里尽情展示津味民俗文化的魅力,弘扬历史悠久的传统文化。每年腊月,这里就成为天津最大、最热闹、最火爆的年货市场。1990 年首届民俗文化庙会在古文化街举办,1 月 19 日 (农历腊月二十

三)开幕,2月11日(农历正月十六)闭幕。有民俗画展,组织民间舞蹈(即民间花会)和剪纸表演等活动。1995年文化庙会上,举办了李如田微雕艺术展、人体科技讲座,开

2008年,古文化街元宵节灯展　　　　　　　　(武延增摄)

展了"95爱津城、迎世乒"民俗风情首日游和天津民间绝活艺术团演出等活动,每日吸引游客1万余人。2002年文化庙会,举办天津美术剪纸作品展、欧洲风情摄影展等展览;组织高跷形式的民间花会及剪纸、撕纸表演和"福到万家春联赠送"等活动;正月十五、十六的晚上,有天后宫观花灯为元宵节助兴。2010—2017年,文化庙会更加丰富多彩,有再现天后宫戏楼的京剧、曲艺以及特色鲜明的民间花会表演,有风筝制作、剪窗花、吹糖人、捏面人等民间艺术展卖活动。

四、民间艺术传承

(一)杨柳青年画　　杨柳青年画为国家级非物质文化遗产项目。在天后宫广场北侧建有杨柳青年画店,店铺规模较大,展示并销售杨柳青年画精品,传承杨柳青年画制作技艺。古文化街还建有杨柳青年画专卖店多处,受到中外游客欢迎。

(二)泥人张彩塑　　在古文化街建有多家泥人张彩塑经营部,经营泥人张各种彩塑作品,传承天津泥人张彩塑技艺,生意较为红火。

(三)"修竹斋"空竹　　以"刘海戏金蟾"为商标的空竹曾享誉中外,其创始人屈文台民国时期在天后宫山门外"张仙阁"旁开设"修竹斋"竹木制品店。一直经营至1956年公私合营,原门脸撤销改为民居。1986年重修古文化

街时，"修竹斋"恢复字号和产品经营，并恢复风空竹制作技艺。

（四）**玉丰泰绒绢花**　始建于清光绪三十一年（1905）的玉丰泰花店，为百年老字号。原坐落于天后宫内，制作绒花。1927年迁至宫南大街，生意开始兴隆。20世纪40年代驰名京津，饮誉港澳。1956年公私合营后，生产绒花、绢花、纸花、珠花。1986年古文化街重修后，该店铺恢复经营，扩大生产规模，保留传统绒花、绢花制作技艺，增加新品种，生意兴隆。

（五）**"风筝魏"风筝**　天津"风筝魏"制作的风筝，工艺精湛，造型美观，色彩斑斓，放飞平稳，既有实用价值，又有收藏价值；既继承和借鉴中国传统工艺，又大胆吸收现代科学方法，畅销海内外，入选中国民间艺术一绝。"风筝魏"风筝在古文化街亦有店铺经营。

（六）**刻瓷**　刻瓷是用刻刀在瓷器表面作画，借鉴中国传统绘画技法，线条明快，上色考究，画作与瓷器所蕴含的高雅气质相得益彰，为民间工艺的上乘之作。古文化街有多家刻瓷店铺经营，刻瓷技艺各展所长。其中，天津工艺美术大师陈起平刻瓷技艺与作品，为古文化街的艺术传承增辉。

（七）**蔡氏贡掸**　相传清代末年北京黄村的蔡锡九，扎制出的鸡毛掸子选材严谨，制作精良，非常美观，与众不同，且有着许多吉祥的寓意，因而远近闻名，后专为宫中制作贡掸。津门蔡氏贡掸店铺坐落于古文化街南口，传承蔡氏贡掸技艺。

（八）**面塑**　面塑艺术以糯米面为原料，调成不同色彩，用手和简单工具，塑造出各种栩栩如生的形象。它是一种制作简单又艺术性很高的工艺品，在古文化街很有市场，其制作技艺得到较好的传承与发展。

（九）**烙画**　烙画是在木板上用电烙铁画出的艺术作品，有很高的技术含量。无论是造型、构图、章法，还是笔触、毛痕、皴擦勾勒的着力和变化，均有许多玄妙之处，堪称天津民间艺术的精华。

（十）**内画壶**　内画是中国传统的微型绘画艺术的一个品类，在天津古文化街有专店绘制销售。它以鼻烟壶等玻璃器具为材质，在其内壁依靠特殊画笔进行绘画。其绘制难度之大、做工之精巧、风格之独特，堪称民间艺术一绝。

（十一）**天后宫剪纸**　天后宫剪纸较好地继承了天津剪纸的传统技艺，在师承传统技艺的同时又积极探索新的刀法和技术，采用剪刻、镂空等技法,形成独特的风格和技艺。内容以吊钱、窗花、金福喜字的民俗剪纸为主,雅俗共赏,多在每年农历腊月销售。

（十二）吹糖人　糖人是以熬化的蔗糖或麦芽糖做成的人物、动物、花草等造型,依靠嘴吹手捏协调制作而成,既可观赏又可食用,颇具天津民俗特色。

（十三）糖画　糖画是用熬化的蔗糖在平滑的青石板上快速作画,多为龙凤、动物、人物、花卉的平面造型,既能观赏又可食用,为天津传统技艺,深受欢迎。

立体糖画　　　　　　　　　　　　　（2011年　潘永年摄）

（十四）风车　风车原名八卦风轮,传说是由《封神演义》中的姜子牙发明。在民间,风车代表喜庆和吉祥,有驱妖魔镇宅室之效。通常用彩纸、绸布、高粱秆儿扎制,既是一种玩具,又是传统节日的应时之物。这种简单的玩具迎合了孩子喜欢奔跑、追逐的特点,且价格低廉,深受少年儿童喜爱。

（十五）毛猴　毛猴是以牛皮和辛夷、蝉蜕等中药材为原料制作的工艺品。作品构思新颖、造型独特,以拟人化手法生动再现天津民间的民俗生态和市井风情。其代表作品有《城厢老院》系列等。

（十六）联升斋刺绣　始建于清光绪十八年(1892),2009年被授予"津门老字号"称号。绣品选用纯天然桑蚕丝纯手工绣制,以针作画,具有苏绣技法特点,工艺精湛。其山水有远近之分,楼阁有深邃之感,人物有嬉笑之态,花鸟有灵动之神。传世珍品有《邓小平在深圳》《天后圣迹图》长卷。

第四章　纪念文存与活动

近代以来,特别是近年以来,老城与整个城市渐行渐远,然而在历史长河中,老城的生命曾经积淀出的诸多文化与记忆,却无法从人们心中抹去。保存一份删除不掉的往日情怀,丰富天津老城的历史与生命,让已经逝去的天津老城和我们再次不期而遇,对历史来说,就显得十分必要。

第一节 古今诗文选录

一、诗词歌赋选

天津城

天津城在海西头,沽水滔滔入海流。

沽上人家千万户,繁华风景小扬州。

——作者崔旭(1767—1845),选自《梓里联珠集》(华鼎元辑),天津古籍出版社,1986 年版。

钟 楼

楼矗中央特地高,天晴霜重响蒲牢。

暮灯晨梦相催促,醉拥寒衾听几遭。

——作者华鼎元(清同治年间诗人),选自《梓里联珠集》(华鼎元辑),天津古籍出版社,1986 年版。

竹枝词 天后宫

其一

飞帆海上著朱衣,天后加封古所稀。

六百年来垂庙飨,海津元代祀元妃。

其二

梵宫建自海运史,吊古客来寻旧碑。

一年最好是三月,天边春色游人嬉。

——作者崔旭,选自《梓里联珠集》(华鼎元辑),天津古籍出版社,1986 年版。

文　庙

中堂严肃素王尊，两庑群贤食特豚。

厚俗先宜端学校，煦仁孑义总无根。

——作者华鼎元，选自《梓里联珠集》（华鼎元辑），天津古籍出版社，1986 年版。

问津书院

儒家衣钵孰传薪，学海堂前教诲频。

不薄程朱尊马郑，先生只合作调人。

——作者华鼎元，选自《梓里联珠集》（华鼎元辑），天津古籍出版社，1986 年版。

问津书院

津门好，礼乐化偏隆。

榜揭问津开讲院，

门临镇海耸黉宫，

远近慕文风。

——作者樊彬，选自《梓里联珠集》（华鼎元辑），天津古籍出版社，1986 年版。

清虚阁

盘旋把火上危梯，万屋鳞鳞一望低。

城郭如烟水如镜，清虚阁上夕阳西。

——作者崔旭，选自《梓里联珠集》（华鼎元辑），天津古籍出版社，1986 年版。

清虚阁

时逢重九步云梯，著色秋光入眼迷。

万户晚炊烟影密，高低瓦屋认鳞齐。

——作者华鼎元，选自《梓里联珠集》(华鼎元辑)，天津古籍出版社，1986 年版。

清虚阁　九日登高

蹑足飘摇百尺楼，危栏倚遍为迟留。

海门渺渺清天外，帆影依依古渡头。

岂有云山堪放眼？纵无风雨亦惊秋。

独怜南北东西客，望断飞鸿起暮愁。

——作者郭敬源(清代诗人，生卒不详)，选自《津门诗钞》(梅成栋纂)，天津古籍出版社，1993 年版。

玉皇阁

直在云霄上，蓬瀛望可通。

万帆风汇舞，一镜水涵空。

刺目谈珠桂，酸心绘雁鸿。

白头当圣世，愧作嗳嚅翁。

——作者鲁之裕(1662—1722)，选自《津门诗钞》(梅成栋纂)，天津古籍出版社，1993 年版。

代祀天妃庙次直沽作

晓日三汊口，连樯集万艘。

普天均雨露，大海静波涛。

入庙灵风肃，焚香瑞气高。

使臣三奠毕，喜色满宫袍。

——选自天后宫碑廊，作者元代张翥(1287—1368)，任翰林学士。

津门杂事诗(五首之三)

庙貌权兴泰定中，今年卜得顺帆风。

刘家港里如云舶，都祷灵慈天后宫。

——选自天后宫碑廊，作者清代汪沆，乾隆年间客居天津，诗人。

咏天后宫

琳宇馨香祀海神，雕梁画栋缀三津。

人间风物开新纪，一代辛勤万事春。

——选自天后宫碑廊，作者赵哲余，现代诗人。

鹧鸪天　天后宫重修

漕运年年护客槎，传闻灵迹总虚夸。

迷空飓母飞黄雾，照海神光幻紫霞。

装宝相，荐香花，高某那得赐仙娃。

春风重绣天街路，不必东京说梦华。

——选自天后宫碑廊，作者寇梦碧(1917—1990)，现代诗人。

浣溪沙　天后宫

薄海天衢众妙津，帆悬宝筏骇波驯，香烟法相总清醇。

送子迢遥来碧落，拈花恍惚有微嚬，寒冬过尽即熙春。

——选自天后宫碑廊，作者范曾，当代著名书画家。

城厢赋

渤海之滨，巍巍雄城耸立；天子之渡，源源九河归一。劲骑幽燕，北瞻京邑；咽喉要津，畿辅重地。

设卫筑城，漕远臻荣，始有五集；海运漕粮，吴越百货，八方云翁；金店银号，典当店铺，鳞次栉比；商贸金融，地理优越，河水生息。海河涯畔，不舍昼夜，桅帆林立；南北舟车，往来交错，辐辏轮蹄。

老城教育，卫学发端。东有文庙，学宫池泮；问津会文，齐名学院。西有武庙，学军之殿。明伦四斋，择武举贤。文学武学，相辅相关；南北文化，相融相鉴。世潮涌矣，洋务兴焉；西风东渐，新学起源。中西文明，兼容相伴；旧学体制，不可逆转。模范学堂，相继出现；中营小学，后继名园。

寺庙祠堂，美轮美奂；文物古迹，津门之冠。军政衙署，麇集城垣；府县同城，堪称奇观。

五方杂处，厢风卫俗，老城之最，名扬津沽。江南风韵，诗词歌赋；文化沃土，人才辈出。深宅豪门，达官富贾；名门望族，卧龙藏虎。

列强侵凌，民怒风起；当道辱国，拳手身祭；八国屠城，血染大地；生民涂炭，海河悲泣。

百年苦难，历风经霜。志士英烈，力挽危亡，托起擎天柱，阴霾见曙光。万业俱兴，盛世共襄。历尽变革，重振城厢。

豪气兮通天宇，民气兮激昂扬。继往兮创未来，再铸兮增辉煌。

二〇〇八年六月

——作者孙恩卿，南开区地方志办公室退休干部。

二、专家文萃

重点选取张仲(天津市文史研究馆馆员，已去世)、罗澍伟(天津社会科学院研究员、天津市文史研究馆馆员)、郭凤岐(曾任天津市地方志办公室主任，编审)的纪念文章。

宫南宫北市亦佳

张　仲

"繁华要数估衣街，宫南宫北市亦佳。"这是前代诗人笔下对于北方商业重镇天津的诗意的概括。宫南宫北的"宫"，就是指天津民俗文化中心天后宫。

天津最早的商贸活动，从天后宫前开始。元代时，在天后宫(娘娘庙)前设立过"宫前集"。大运河运来的四乡八镇的土产、农产品、手工艺品，就在宫前交易。这也是直沽人唯一可以流通商品的地方。明宣德年间(1426—1435)天津卫城内外已有五个集市，到弘治年间(1488—1505)刘福任天津副使，把天津城的土围子用砖石包砌，这时南北货交易日渐增多，便又新设了五集一市，天后宫前分设了宫南集与宫北集，每逢农历初一、十一、二十一日集市交易。宫南、宫北都是月初(初一)集，说明此地曾是重要、繁荣的集市，是天津卫人生活日用品的来源之地，油盐柴米都要在这里买进；天津卫手工艺人的产品也在这里售出。

　　其实，天后宫前的集市不只是逢一必集，因为天后宫是初一和十五开庙门，故月中也有大量的香客云集山门。每年三月二十三又是娘娘(天后)诞辰，"好向娘娘庙进香"，不只天津卫居民涌来，河北和山东的渔民、船民也顺御河而下，插上黄旗，来此烧香祈福。元诗人就写过"晓日三岔口，连樯集万艘"。三岔口就在望海楼前，离天后宫很近，可想见当年的热闹景象。

　　宫北大街平时是钱庄、金店等"大买卖"林立的街道；宫南则是纸花店、手工作坊，食品聚集的地方。早年天津稀有的贩卖"油炸货"素食品的摊贩，都集中这里。"石头门坎"大素包亦由此而诞生。一到开庙门时刻，宫南北更摆满了香蜡纸锞、神祃刻纸、绒花饭花、玩具耍货、碗筷盆碟的小摊。天津卫人既来逛庙，又顺手购买了生活必需品。朴素的生活把人和神紧密地拉在一起，在民间也反映出天人感应。

　　宫南宫北大街的繁华，曾吸引入侵的外国人垂涎。19世纪中叶，外国入津的传教士第一个布道传教的场所，就选定在天后宫附近，外国所设立的慈善机构(仁慈堂)也设在宫南附近。

　　乾隆时，南来的商船所载番货(并非是西洋货，而是闽粤商品)，一个交易地选在北大关附近，一个是在宫南，统名"洋货街"。嘉庆人有诗："百宝都从海船来，玻璃大镜比门排；荷兰琐伏西番锦，怪怪奇奇洋货街。"

　　当年天津卫人初见洋货，常出笑话，如北仓人赵野来此闲逛，曾写诗一首："洋货街头百货集，穿衣大镜当门立，入门一揖众粲然，真成我与我周旋。回家说向妻与子，一室粲然如一市。无心总被有心笑，我以无心任颠倒。安得相逢尽是镜中人，相视而笑了无心。"

　　宫南宫北的摊店，所卖货品都是名牌精品。如清初金鱼刚刚出现，这里就有卖小金鱼的，当时还称为小红鱼("争买朱砂一寸鱼")；绒绢花产自武清县和四乡，宫南玉丰泰则采优撷秀，称胜天津。屈文台修竹斋"刘海牌"风葫芦，也称雄一时。再如张记光明眼药(宫内)，名医王十二(宫北)，都有妙手回春、治病救人之誉。

　　到30年代，宫南宫北大街夙称名店或老字号的，如金银首饰业就有永兴承、蓝兴城、宝华号等数家，南纸局则有萃文魁。这里的摊贩也不同凡俗，如伊德元的花样子(刻纸)、杨记的蜡烛，也都是天津卫"独一份儿"。

　　600米长的宫南宫北大街，现在称为天津古文化街，景物中既有天津味、文化味，又有老味，号称"津门故里"(因天津居民聚落点在此处——小直沽)。这是经过对原存930间住房(600户居民)、22个工厂、企业、商业网点拆修改造才出现的。宫南宫北一直是天津卫的民俗中心和商业老街,如今可称"景物依稀是"。倘若要感受津门浓郁迷人的风情,只消在这宫南宫北转一转便了。

（选自冯骥才主编《天津老房子·东西南北》,天津杨柳青画社出版 1998年版）

天津城,历史上罕见的开放型城市

罗澍伟

2004年,我们将迎来天津建城600周年。

如果说,海河是一条流淌着历史的河,那么,天津城就是一座装满了历史的城,而且有着那么多与众不同的历史,似乎叫人永远也读不完,听不完,写不完。

就拿天津老城来说吧,当初修建的时候,本是土筑,后来才用砖包砌。规模也不大,周长9里13步,原本是天津三卫的指挥机关所在地,到了清代,才成为州城、府城和县城。按说,府、县同城的城池,在当时不多,全国也就20来座,但当初天津设府的时候,并没有把老城扩建,保持的还是县一级的水平。这就有点儿怪了,老城有那么大的容量吗? 直到1860年,清军统帅僧格林沁为抵御英法联军的入侵,才挑渠筑墙,修建了一道外郭,俗称墙子。如今墙子是早已没有啦,老城也根据屈辱的《辛丑条约》被强行拆除,但老城留给我们的,却是一道永远抹不掉的生命色彩。

说起设卫筑城,那是1404年的事。这一年,永乐皇帝已从他侄子的手里夺得了宝座,并在南京度过了两个春秋。想当初,他是镇守北平的燕王,这北平便是元朝的大都,所以,他深知直沽地位对北平的重要性。这时,正好有臣下向他提出建议:"直沽,海运商舶往来之冲,宜设军卫。"他立即同意了。又有人说,这里是您当年"靖难"车驾所渡、旗开得胜的地方,如今您贵为天子,就叫"天津"吧。这件事虽说是家喻户晓,但历史为我们传递的信息,不是每个人都注意到了,那就是在此以前,天津的前身——直沽,早已因为元代海上漕运的大规模进行,成为"海运商舶往来之冲"的交通和商贸集散市场了。

"舟车攸会，聚落始繁"，"一日粮船到直沽，吴甖越布满街衢"，南运河南岸，特别是老三岔河口以下的海河西岸，由于天妃宫的存在，已经成为热闹的市区。

这种状况，无疑给明代天津卫城的规划者出了一道难题。如果按照中国传统，路网以及市肆的设置都要事先划定；可是早已形成的直沽经济中心区是开放式的，直面海河，远眺大海。怎么办？古人不愧是伟大的智者，他们针对直沽沿河发展的自然倾向，大胆制定出了"局部封闭，总体开放"的建城方案。这就是把城市的功能区分解为两组：军事指挥中心和行政管理中心为封闭式的，均设在城里；交通枢纽与商贸、金融中心是开放式的，尊重原来自然形成的格局，置于城外。而且，无论是封闭的城池，还是开放的河干，都具有足够发展的余地，这就为日后打造开放的天津奠定了空间的基础。这种建置，在中国的城市史上还是真不多见。

在城市平面上，明代天津的中心区和元代一样，是沿河发展，形成了"环城通衢""百货交集""商贾辐辏""素封巨室，率萃河干"的局面。到了清代，依然是"富商大贾，百货聚集，均在城外"。另一方面呢，尽管清代道、府、提、镇、县、学诸多衙署均设于城内，豪门大户也定居不少，商业服务业同时发展起来，由于当初规划时留有余地，老城都能容纳。因此在天津的地理名词中，一直有"城厢"这个概念，这就是说，"城"和"厢"是连在一起的，城里和城外的繁华区属于一体，"厢"当然也就包括在"城"之内。租界开辟之初，还很萧条，不少洋行、教堂都选址于宫南北或老城里。后来，各国租界无不沿海河发展，天津的建城面积迅速扩大而少有阻碍。这些看似平凡、实则卓异的历史，都应当视为当年开放型城市规划对于后代人的嘉惠。

天津城墙拆除后，在城基上修建马路，开通有轨电车，遂使天津成为全国最早出现公共交通的城市；而且东马路和北马路因受老繁华区的牵动，率先繁荣，南马路紧随其后。天津老城的改变，很快波及上海，当地士绅联名具呈道台，要求效法天津，拆除上海城。因为当时的两江总督周馥碍于体制，没敢贸然批准。直到辛亥革命后，上海拆城一事才获准实施。

时间把历史与我们拉开了距离，有了距离，便要产生思念。当前，天津老城正在发生着日新月异的变化。天津人对老城，自然会产生千般的联想，百样的情怀。那些逝去的人和事，总是若隐若现，萦绕于脑际胸怀。现在我们可以拿起笔来了，我想，这倒不是想以闲适的心情去应对这个匆忙的时代，而是想给曾经容纳过我们的天津老城留下一点什么。因为，这是一座罕见的、具有600年历史的美丽的开放型城市……

（选自贾长华主编《老城旧事》，天津古籍出版社2004年版）

老城里的名门世家（节选）
罗澍伟

老城里的名门，从明代就有，比如项家胡同，据传住的就是明末蓟辽总兵、著名收藏家项嘉谟。项氏祖籍浙江嘉兴，累世豪富，他的祖父是明代书画与鉴赏名家项元汴（子京），所藏书画名品极一时之盛，如传世的顾恺之《女史箴图》、阎立本《幽风图》、王维《江山图》，以及王羲之的字帖，李思训的绘画，均为汴氏旧藏，至清乾隆时辗转为内府所收。嘉谟之弟圣谟是著名画家，传世代表作有《放鹤洲图》，现存于北京故宫博物院。

入清之后，天津地方经济文化的发展，老城里的名门世家日渐增多。为世人所熟知的，首推鼓楼西板桥胡同梅家。梅氏原籍江苏武进，立谱的远祖，乃是明太祖朱元璋二女宁国公主下嫁的驸马爷梅殷。天津梅氏始祖梅满儿，是天津右卫的第一任指挥使，至明亡共传12世。入清之后，门庭改换，成为穷苦的读书世家，以致有"寒梅"之称。彼时梅家在地方上不乏名士，像诗人梅成栋在水西庄组织梅花诗社，倡立辅仁书院，与崔旭并称"燕南二俊"。其子梅宝璐（小树），曾为鼓楼写下著名的抱柱联："高敞快登临，看七十二沽往来帆影；繁华谁唤醒，听一百八杵早晚钟声。"当代名导梅熹即梅宝璐的曾孙，话剧艺术家梅阡是梅熹的堂弟。此外，还有著名的梅氏五兄弟，即梅贻琦、梅贻琳、梅贻瑞、梅贻宝和梅贻璠。梅贻琦在解放前是清华大学的校长，1962年病逝台湾；夫人韩咏华1977年由美国回北京定居，受到邓颖超的热情接待，宴请时特意请来狗不理的名厨，做了一桌风味十足的天津菜。

其次要数乡祠卞家了。卞氏初居鼓楼西塘子胡同，后迁至户部街浙江乡祠南。原籍也为武进，其天津始祖卞瑛于清初入总兵马见龙幕，康熙时随马见龙由山东移镇天津，后世多在衙门科房中任师爷，为贴补生计，还开过步云斋鞋铺。传至四代秉礼，于嘉庆八年（1803）开设隆顺号，至六代树榕辈始有功名。树榕通医术，遂在旧字号之下设隆顺榕药铺，兼营南货，子母相权，家业乃兴,最后竟执津埠商业之牛耳。同辈之煜光于20世纪初任天津商会总董,七代族人复于北大关开设隆昌号公记海味店。此后卞氏一族不乏名人,如卞禹昌曾于清末在地方倡导兴学,清廷赏为国子监学正;卞荫昌在民国初年以"维持国权国土会"会长身份,领导了天津各界反对法国侵占老西开的斗争,并积极投身五四运动。八代卞肇新,曾任中央银行天津分行经理,解放后出席天津市各界代表会议;现92岁高龄的卞慧新,是著名的天津史专家,至今仍耳聪目明,笔耕不辍。九代卞学璜,美国麻省理工学院航空教授,北京航空大学、西安交大等校名誉教授,美国工程研究院院士;系著名语言学家赵元任之婿。

再次便是鼓楼东姚家。姚氏原籍浙江余姚,始祖姚凤,清乾隆年间第四代姚氏到天津,初居东门外袜子胡同,嘉庆时迁至鼓楼东、杠张胡同北口路南。其第五代姚逢年,乾隆进士;六代姚承恩,道光进士,所以在街门悬有"世进士第"匾额。姚逢年在知县任内,认领了京西长辛店盐引恩裕泰,交由子侄辈经营,家道渐兴。七代姚学源以京引总催兼任长芦纲总,显赫一时。逢年次女嫁高阳李氏,有子,即同治皇帝的老师、军机大臣、大学士李鸿藻。鸿藻年轻时曾在姚家雨香亭从其舅姚承丰读书。后来,承丰次子学源之三女彤宣,就嫁给了李鸿藻的三子李煜瀛(石曾),这就是当时所谓的"亲上作亲"。李煜瀛早年留法,在法国开办豆腐公司,将中国的豆腐技术引入欧洲。学源之母焦太夫人,即咸丰末年八大"顾命大臣"焦佑瀛的族妹。姚氏与天津梅氏、徐氏也有通家之至好。五四运动前夕,正在南开学校就读的周恩来,每天下午3至5时都要到姚家从学源长孙姚启照学习法语,达半年之久。

当然,天津老城里的名门世家远不止此,仅举此数家,也足见老城文化底蕴的丰厚了。

(选自贾长华主编《老城旧事》,天津古籍出版社2004年版)

老城厢,多元文化的辐射源

郭凤岐

天津作为中国著名的历史文化名城,将迎来建城六百周年的庆典。在这六个世纪的大开合中,城市由小到大,沧桑巨变,崛起为一个特大都市,展示出一幅幅波澜壮阔的画卷。就天津历史文化而言,李盛霖市长在给《天津文化通览》一书所作的序言中，做了明确定位，即"包容、吸收的特征，多元化的构成和与时俱进的品位"。而天津老城厢，则可以说是这种文化品位的辐射源。

老城厢有深厚的官文化根基。建城以后，老城厢成为天津的政治中心，军政衙署多建于此。如天津三卫卫署、天津镇总兵官公署、天津县衙署、整饬天津道公署、长芦盐运署、天津府知府公署、天津府分府衙门等，《天津卫志》《天津府志》《天津县志》等旧志记载，老城厢衙门行馆多达50余个。因此上谕、下奏及公文、告示等也很多。以清咸丰三年(1853)为例，从五月到十二月，《天津政俗沿革记》记载涉及天津兵事的上谕、下奏就有18件。这成为明清时期天津四方城的特殊文化现象。

老城厢还有深邃的文人文化积淀。从明正统十二年至清宣统三年(1447—1911)，天津共考中进士、举人2314人。当然这是全县的，其中也有"寓贤""流寓"者，但老城厢占了不少人，可见其文化层次之高。在这里还有大量的诗词歌赋、庙楼楹联，透露着文人的雅气。如乾隆手书文庙大成殿抱柱联："教垂万世继尧舜禹汤文武作之师，气修四时与天地鬼神日月合其德"；梅小树撰、华世奎书的鼓楼楼阁外檐书联："高敞快登临，看七十二沽往来帆影；繁华谁唤醒，听一百八杵早晚钟声"等。天津的新老"八大家"和名门望族，例如甲骨文专家王襄、教育家马千里、博物馆专家陆文郁、音律专家杨学川、电影家沈浮等等，营造了天津文人文化的氛围。因此文人文化成为老城厢的主流文化。

老城厢有深厚的民族文化传统。这里民族文化繁荣，儒学教育悠久，不仅有卫学、府学、县学及社学、商学、义学，还有私塾、书院等。天津高雅文化大观园水西庄主人查为义，还捐城内废宅，创立"问津书院"，并请客居水西庄的学者讲学，"以经义史论及诗古文词课士，于是津人士多渊懿博雅之材"(《天津政俗沿革记》)。晚清时期，这里还聚集着许多蜚声沽上的老中医，乾隆四年(1739)在东门出现的润善堂，是天津第一家中药店。天津人任侠好义，有习武的风尚。拳术、摔跤、举重(石锁、石砖)、拔河、踢毽、跳绳等传统的体育文化，在津门盛行。明代在城内武庙内，还设立了"武学"。明清时期曾有三人考中武状元。老城厢是天津民族文化的发祥地。

老城厢更有深厚的近现代文化和中西方文化兼容的底蕴。天津开埠以后，西方文化大量涌入天津，老城厢是最早吸纳西方文化的地方。以教育为例，清光绪二十六年(1900)庚子事变，八国联军侵占津城，旧书院荒废。有识之士，取法海外、开办学堂。林墨青、王竹林、李子赫在西贡院内创立义塾，成为天津民办新学堂的萌芽；清光绪二十八年(1902)在会文书院旧址创办民办第一小学堂，成为天津最早的新式私立小学；清光绪二十九年(1903)在西门里城隍庙创办官立两等小学堂，成为天津最早的官立小学；清光绪三十一年(1905)在城内创办普育女学堂，成为天津最早的女子学校；清光绪三十二年(1906)夏，普育女校校长温世霖在西门里板桥胡同火神庙内设蒙养院，成为天津最早的幼儿园。在这里，中西方文化、传统文化与近现代文化融会的特征，突出而鲜明。

老城厢亦有深厚的厢风卫俗文化的土壤。老城厢和东门外的天后宫，是天津民俗文化的源头。诸如民居类型的四合院、三合院、大四合套、筒子院、独门独院及门脸儿房等；人生礼仪的祈子、有喜、添喜、洗三、剃胎头、挪臊窝、百岁儿、抓周等，周岁生日还有俗谚之说："姑姑的鞋、姨姨的袜、姥姥的肚兜、舅母的裤"；婚礼俗的提亲、定亲、妆奁、晾轿、迎娶、认亲、回门等程序；还有寿礼、丧礼；岁时节日民俗，如八月二十七日孔子诞辰，乡人遵制诞祭，就始于老城孔庙；民间信仰民俗，如迎神赛会，"唯城中为最盛"；服饰民俗的重商风气、文人风气、游民风气等；特别是天后诞辰日可以说是厢风卫俗文化的大合唱，犹如西方的"狂欢节"。

(选自贾长华主编《老城旧事》，天津古籍出版社 2004 年版)

第二节　纪念活动与书刊

一、纪念活动

(一)天津市纪念天津设卫建城600周年活动　该项活动由天津市委研究确定，由天津市政协具体承办。2004年初，天津市政协经研究确定方案，筹办《画说天津 600 年》大型书画展览和编辑出版《画说天津 600 年》纪念画册,并成立《画说天津 600 年》活动组委会。在市政协的组织安排下,天津市的画家们投入创作,选送的美术作品多为画家倾心之作。是年 10 月,市政协精心筛选的 119 幅纪念主题画作创作完成,在装裱、拍摄后,交付天津人民美术出版社出版发行。12 月 20 日,纪念天津建城 600 周年大型画展开幕式在新落成的天津博物馆一楼大厅举行。中共中央政治局委员、天津市委书记张立昌,市长戴相龙等市委、市人大、市政府、市政协领导出席并参观画展。

是年 12 月 23 日,正值天津建城 600 年纪念日,《今晚报》纪念天津建城 600 周年专版,被特别设计成对开 24K 纯金收藏版限量发行 600 份,首发仪式在天津博物馆一楼大厅举行,市政协领导曹秀荣、陈福顺等出席。

2005 年 1 月 12 日画展闭幕,历时 23 天,吸引海内外民众 10 余万人次观展。许多观众被画作展示的恢宏场面、磅礴气势和极强表现力感染和震撼,并被画作蕴含的深刻主题和艺术内涵所折服,心灵得到净化。

在《画说天津 600 年》书画展期间,市政协组织 108 名书画家在画展现场进行为期 9 天的"彩墨祝福百名画家绘百米长卷"活动,以纪念天津建城 600 年。

(二)南开区纪念天津建城 600 周年系列活动

历史资料、纪念文章征集出版　2004 年初,南开区政协联合今晚报社、南开报社,分别开展"老城旧事""老城之最"征文活动,组织天津设卫建城 600 周年历史资料、纪念文章的征集、出版工作。在此基础上,是年 7 月今晚报社编辑出版《老城旧事》文集。南开区政协在各方面大力支持下,广泛征集天津老城在天津乃至全国、世界所创造的之最、之先、之特、之优,加入新资料,编辑出版纪念天津设卫筑城 600 周年专辑《老城独秀》(2 辑)。是年 12 月 21 日,南开区政协在天津老城博物馆举行隆重的《老城独秀》专辑首发式,以资纪念。

老城博物馆建成开馆　2004 年 12 月,为纪念天津建城 600 周年,南开区在天津老城东门里的徐家大院原址,抓紧建成天津老城博物馆。该馆按照"修旧如旧"原则整体修复,并广泛征集老城文物、古旧器物、砖雕精品,制作老城微缩沙盘,展示天津老城厢风民俗。是年 12 月 23 日,老城博物馆正式开馆,对外开放。

　　天后宫整修　2004年,为迎接天津建城600周年,南开区政府斥资230万元对天后宫进行整修。此次修缮,是1985年后对天后宫最大的一次整体修缮。

　　(三)南开区纪念天津设卫筑城610周年纪念活动

　　《记忆·天津老城里》发行座谈会　2014年12月22日,南开区纪念天津设卫筑城610周年暨《记忆·天津老城里》发行座谈会在元升茶楼举行。南开区委宣传部主要负责人出席并讲话,部分天津文史专家学者,区建委、房管局等单位(部门)负责人,参与老城里开发建设的房地产企业负责人及老城里地区居民代表参加座谈会。座谈会上,《记忆·天津老城里》(天津社会科学院出版社出版发行)编著者高立成介绍该书编著过程;天津社科院研究员、天津市文史馆馆员罗澍伟,《中国市场报》总编辑、社长姜维群,天津文史研究馆馆员黄殿祺,《今晚报》副刊部主任吴裕成,崇化中学特级教师李炳德,区档案馆相关负责人及老城里居民代表,分别围绕《记忆·天津老城里》发行,畅谈老城故事,共议传承老城文化。

　　民俗文化博览园建成　为纪念天津建城610周年兴建的民俗文化博览园,于2014年1月动工,是年6月竣工,9月25日正式开园。该园坐落于古文化街"津门故里"牌楼西侧,占地1万平方米,包括妈祖文化广场、天津民俗博物馆、联升斋刺绣博物馆、老美华华夏鞋文化博物馆等。其中,妈祖文化广场占地面积1500平方米,广场内高高矗立着"天后圣母"雕像,由180吨

2015年10月21日,首届民俗文化博览节在妈祖文化广场举行　　　　　　　　(靳煦男摄)

汉白玉雕刻而成。雕像通高 9.6 米，意为妈祖娘娘出生于北宋建隆六年（960）；妈祖像身高 7.36 米，意为敕封天后宫有 736 年；地上铺有 27 块刻有记叙妈祖文化与天津民俗发展历史的铜质地砖。广场内还配置有绿植和休闲区域，是集文化、休闲、旅游、园林为一体的纪念性主题公园。

（四）天津社会各界自发组织的老城纪念活动

天津老城网　2003 年 12 月，由戴晓泉发起建立。利用网络媒介发布信息，发表纪念文章，宣传美丽天津，怀念消失的老城厢。2006 年，开通天津老城论坛。2013 年，组建"老城忆看工作室"，进行老城历史资料收集整理和纪念文章创作以及文创产品开发。2014 年，创建"老城 E 刊"微信公众号（2017年更名为"老城忆看"）。2014 年 9 月，与天津广播电视台滨海广播播出《回望老城》节目，历时一个月。2017 年 3 月，老城忆看工作室出版《城的记忆·天津》系列丛书共 4 册，由天津教育出版社出版发行。

天津老城邻友会　2011 年 1 月，由天津老城里居民戴晓泉发起成立，属联谊和怀念性的松散型群众组织。是月，与老城博物馆等共同主办第一届老城邻友会，纪念天津建城 606 周年。2013 年 6 月，在老城博物馆举办第二届老城邻友会，纪念天津老城整体拆迁改造 10 周年。2014 年 12 月，与南开区档案馆共同主办第三届老城邻友会，纪念天津建城 610 周年暨口述史资料征集启动仪式。2016 年 12 月，与鼓楼街道共同主办第四届老城邻友会，纪念天津建城 612 周年。2017 年 12 月，老城忆看工作室与鼓楼街道共同主办第五届老城邻友会，纪念天津建城 613 周年。

《老城厢文化》报　该报由中共鼓楼街道工委、鼓楼街道办事处主办，2012 年 5 月创刊，每月一期，每期开辟专栏讲述老城故事。

二、出版纪念专辑书刊

（一）纪念专辑

1.《天津老房子·旧城遗韵》，冯骥才主编，天津杨柳青画社，1995 年版。

2.《天津老房子·东西南北》，冯骥才主编，天津杨柳青画社，1998 年版。

3.《天津建卫六百年丛书》（8 种），来新夏主编，天津古籍出版社，2004年版，2010 年再版。

4.《城市细节与言行——天津 600 年》丛书,天津日报报业集团编,张建星主编,全 6 册,天津古籍出版社,2004 年版。

"今晚十二生肖贺岁书"(13 种)。包括:

1.《六百岁的天津》,主编贾长华,顾问杨大辛等,天津教育出版社,2004 年版,2005 年再版,及"甲申纪念珍藏"本。

2.《天津卫过大年》,主编贾长华,顾问冯骥才,华中科技大学出版社,2006 年版。

3.《津门传家宝》,主编贾长华,顾问冯骥才,蓝天出版社,2007 年版。

4.《津沽能人》,主编贾长华,顾问冯骥才,天津科学技术出版社,2008 年版。

5.《天津老画》,主编贾长华,顾问冯骥才,天津人民出版社,2008 年版。

6.《天津老胡同》,主编贾长华,顾问冯骥才,天津人民出版社,2010 年版。

7.《老天津的记忆》,主编贾长华,顾问冯骥才,天津人民出版社,2011 年版。

8.《津门旧影新照》,主编贾长华,顾问冯骥才,天津人民出版社,2011 年版。

9.《老天津的最早影像》,主编贾长华,顾问冯骥才,天津人民出版社,2013 年版。

10.《老天津的吆喝》,主编贾长华、鲍国之,顾问冯骥才,天津人民出版社,2013 年版。

11.《天津老明星》,主编鲍国之,顾问冯骥才,天津人民出版社,2014 年版。

12.《天津过年俗典》,主编刘凤山,顾问冯骥才,天津人民出版社,2015 年版。

13.《贺岁书香十二春》,主编刘凤山,顾问冯骥才,天津人民出版社,2016 年版。

"天津文化通览"丛书　天津市地方志编修委员会办公室编　天津社会科学院出版社　2003—2009 年版　该丛书共计 10 册,其中有关老城的书籍有:

1.《天后宫写真》,董季群著。

2.《老城厢胜迹》,孙恩卿编著。

3.《民俗文化谈》,王兆祥著。

4.《老天津之冠》,白金编著。

5.《三津地楹联》,张树贤、赵健、颜昌栋编著。

6.《老天津画廊》,郭凤岐主编。

(二)出版纪念书刊

1.《老城旧事》,贾长华主编,天津古籍出版社,2004年版。

2.《天津老城回眸》,李正中、苟英华主编,延边大学出版社,2005年版。

3.《话说天津话》,林希文、王志恒画,天津人民美术出版社,2004年版。

4.《记忆天津:2004 天津建城600年》,冯骥才、张仲、晓岩撰文,浙江摄影出版社,2004年版。

5.《天津中华基督教青年会与近代天津文明》,天津中华基督教青年会编,罗世龙主编,天津人民出版社,2005年版。

6.《天津老城厢居住建筑风格及其雕饰艺术》,王奎、李福瑞、毛占国、段金贵编著,中国建筑工业出版社,2004年版。

7.《记忆·天津老城里》,高立成编著,天津社会科学院出版社,2014年版。

8.《天津老城里百姓人家——口述与影像的记忆》,天津市南开区档案馆编,天津人民出版社,2015年版。

(三)相关书刊

旧方志及文献标点整理中与南开有关书目

1.《天津通志·旧志点校卷》(上、中、下),南开大学出版社出版,1999年10月第一版。

来新夏、郭凤岐主编

其中,上卷包括:

(1)《天津卫志》(清康熙),薛柱斗纂修,高必大协修。

(2)《天津府志》(清乾隆),李梅宾、程凤文修,吴廷华、汪沆纂。

(3)《重修天津府志》(清光绪),沈家本、荣铨等修,徐宗亮、蔡启盛纂。

中卷包括:

(1)《天津县志》(清乾隆),张志奇、朱奎扬总裁,吴廷华总修,汪沆分修。

(2)《续天津县志》(清同治)，吴惠元总修，蒋玉虹、俞樾编辑。

(3)《天津县新志》(民国)，高凌雯纂。

下卷包括：

(1)《天津政俗沿革记》(民国)，王守恂撰。

(2)《天津志略》(民国)，宋蕴璞辑。

(3)《津门保甲图说》(清道光)。

(4)《志余随笔》(民国)，高凌雯辑。

"天津风土丛书"，来新夏主编，天津古籍出版社，1986—1992 年版。

主要包括以下书籍：

1.《津门杂记》，张焘撰。

2.《天津事迹纪实闻见录》，佚名。

3.《梓里联珠集》，华鼎元辑。

4.《沽水旧闻》，戴愚庵著。

5.《敬乡笔述》，徐士銮著。

6.《津门诗钞》(上中下)，梅成栋纂。

7.《天津皇会考》，徐肇琼撰。

8.《津门纪略》，羊城旧客撰。

9.《天津皇会考纪》，望云居士、津沽闲人撰。

10.《老天津的年节风俗》，卜慧新、濮文起辑。

11.《正史津门史料钩沉》，陈卓编著，学苑出版社，2008 年版。

12.《明实录中的天津史料》，黄克力编著，天津人民出版社，2011 年版。

13.《天津老城图说》，天津市南开区地名办公室编，新疆人民卫生出版社，1996 年版。

史、志及人物录

1.《津门谈古》，刘鉴唐、焦玮主编，百花文艺出版社，1991 年版。

2.《天津古代人物录》，南炳文等编，天津人民出版社，1993 年版。

3.《南开区志》，天津市南开区地方志编修委员会编著，天津社会科学院出版社，1998 年版。

4.《天津老城忆旧——天津文史资料选辑第 76 辑》

5.《天津卫掌故》，张仲著，天津人民出版社，1999 年版。

6.《天津皇会》,尚洁著,山东教育出版社,1999 年版。

7.《津门旧事》,施永康著,解放军出版社,2001 年版。

8.《津沽旧市相》,由国庆文,田恒玉图,天津古籍出版社,2004 年版。

9.《民俗天津》,马宇彤著,天津教育出版社,2005 年版。

"天津旧事丛书"(11 种) 天津人民出版社 2005—2013 年版,其中,有关天津老城厢的书籍有以下 3 种:

1.《天津地名故事》,谭汝为、刘利祥编著。

2.《老天津善人善事》,章用秀编著。

3.《天津天后宫》,董季群编著。

4.《天津通志·民俗志》,天津市地方志编修委员会办公室,天津市老城博物馆编著,天津社会科学院出版社,2006 年版。

5.《妈祖文化艺术研究》,蔡长奎著,天津古籍出版社,2009 年版。

6.《老城津韵》,陆国明主编,百花文艺出版社,2009 年版。

7.《津沽轶事》,刘文华著,天津古籍出版社,2011 年版。

8.《天津老城厢大宅门实录》,杨力著,天津社会科学院出版社,2016 年版。

9.《城的记忆·天津》丛书(包括《老城故里》《老城胡同》《老城生活》《老城逸事》4 册),百花文艺出版社,2017 年版。

方言文化

1.《天津方言》,韩根东主编,王翁如等编著,北京燕山出版社,1993 年版。

2.《天津话 逗你玩》,林希著,天津人民出版社,2007 年版。

3.《天津方言语汇》,卞寄生编撰,大众文艺出版社,2007 年版。

4.《这是天津话》,谭汝为著,天津教育出版社,2009 年版。

5.《天津话语汇》,张维绪、苏长伟著,天津教育出版社,2013 年版。

6.《天津方言文化研究》,谭汝为著,天津人民出版社,2014 年版。

文学创作、普及读物

1.《小扬州志》,刘云若著,百花文艺出版社,1986 年版。

2.《俗世奇人》,冯骥才著,作家出版社,2008 年版。

3.《神鞭》,冯骥才著,作家出版社,2009 年版。

4.《天津小爷》,肖克凡著,北京十月文艺出版社,2014年版。

5.《故事·天津》(1)"天津故事"栏目组,天津科技翻译出版公司,2008年版。

6.《故事·天津》(2),解辉主编,天津教育出版社,2008年版。

第三节　口述辑录

21世纪以来,昔日的老城厢已不复存在,仅剩下"老城"留存在人们记忆里。老城厢居民眷恋故土,对居住过的胡同里巷有着深厚的怀旧情愫。有关部门和有心人,记录下了他们以口述形式讲述的老城故事,记录下了老城那些难忘的人和事。

鼓楼东这个大宅门——晋益恒杨家逸事

讲述者:杨力　　　　　原住:鼓楼东杨家大院

时间:2016年12月　　　来源:天津档案馆

我是津门乾隆五十三年(1788)举人杨一岜的八世孙女,今年64岁,出生在天津鼓楼东杨家大院。2003年老宅拆掉之后,我搜集了杨家大院几十张老照片,采访了十几位长辈,用文字记录了我家七代人的陈年旧事。这些故事反映了家族兴衰的一些细节,对于那个时代具有一定的认识价值。

我家祖籍广东番禺,宋元时期迁居安徽皖城,其中一支经商流寓河北滦州府昌黎曾家湾。因战乱,此前族谱丢失,家人奉元至正朝杨景为始祖。明永乐二年(1404),始祖杨景夫人孔氏率五子由曾家湾迁往盐山城东三十里占籍为农,时年51岁。五子分居四地立业,长子清居高湾村,次子静居范庄,四子槐居杨槐庄,三子绪和五子显留在老太君孔氏身边,躬身耕种并开一旅店为生,村名杨店由此得名。

我家这支是二世祖杨清之后。清祖生于明洪武五年(1373),明永乐二年(1404)迁居盐山高湾务农。子孙后代发达,六世舜吏、七世应科均为中宪大夫。八世杨彤庭,明万历乙卯年(1615)科举人,曾任磁州知州。

八世祖杨大中,明万历年落户天津,经商遍及北方数省,成为天津富商。家族鼎盛期回盐山建"五马恩荣府邸"作为回乡休息场所。明清王朝更替,乱世经商家道渐衰。到乾隆年间(1736—1796),十三世杨一崑家境贫寒,以教私塾勉强糊口。杨家由衰转盛,由一崑儿子开始。一崑有四子,次子恒占考取进士后做县官,三子叔善开估衣店和钱庄。叔善子云汉继父业,除经营钱庄又引领了引岸经营盐业,自此杨家跻身盐商行列。云汉子耀曾继承父业,经营"聚丰恒"钱庄和"晋益恒"盐店,使杨家财富剧增。后发展成五个盐店,分别是:晋益恒(杨承诏)、通惠(杨承训)、庆祥厚(杨承谟)、豫顺(杨承业)、贞祥(杨承磬)五个盐店。此时杨家晋益恒盐店拥有 17 个县引岸。据清代《盐法志》,光绪年间,晋益恒盐店接办了河南鹤壁、卫辉、开封、通许、安阳等六个县引岸、河北衡水地区 10 多个县引岸。《天津商会档案(第四册)》记载:1924年晋益恒盐店所办 11 县引岸存盐整,这 11 个引岸是:定县、清苑、曲阳、阜平、元氏、赞皇、赵县、永年、曲周、鸡泽、沙河。与此同时还在山西开办寿丰面粉厂,开办北京西鼎和酱菜厂,天津谦德庄开三义庄面铺、古玩店等。杨家所拥有的 17 个引岸远远超过老八大盐商,家业巨丰,被津人称为晋益恒杨家。

清嘉庆年间,杨一崑孙子杨云汉,买下鼓楼东天津首富徐家店旧宅。同治九年(1870)高伯祖父盐商杨耀曾拆徐宅,耗巨资逐渐扩修建成 25 个院落、189 间房屋的建筑群,堂号为"迪吉堂杨府"。此建筑群分为三个区域,分别是:中轴线七进深 9 个院,西区 11 个院,东区 5 个院。前门在二道街,后门在东门里,西邻杠张胡同,东邻大刘胡同。其中 19 个房院,6 个楼房院,院内有 4 口古井,共住七代杨氏子孙。

整个建筑群中西合璧,中线富丽堂皇,西区幽静,东区洋气。通过东箭道、西箭道以及西区几个短箭道将 25 道院子连为一个整体。建筑群内设大客厅、鸳鸯厅、大书房,接待客人专住的小客厅、中式楼房以及西式洋楼。内宅院内翠竹、鱼缸、藤萝、丁香、古井,八角门、月亮门连接各院。

杨家大院建筑群住的是杨一崑三子杨叔善的部分后代。叔善有四子,云书、云栋、云章、云汉。云书讲学,云栋举人,云章办学,云汉奉政大夫,经营钱庄管理盐店。

云汉有四子一女:耀曾、法曾、宪曾、希曾。分四大门,分住在建筑群各个区。耀曾大排行行五,古道热肠,经营聚丰恒钱庄、晋益恒盐店成为巨富,将伯父杨云书、杨云章后辈都接到家里,形成了六大门。

六大门共有100余族人加上男女仆人近200人。五世同居,大家庭就像小社会。杨家仆人瓦木油作长年不走,从一娶一聘打家具,到给每个死人打棺材,都由本家木匠油工制作。家中有操办婚丧嫁娶寿筵的执事、厨师备有各种用具。家人享受着从生到死的系列服务。

1945年国民政府取消盐引,自此杨家经济一落千丈,坐吃山空,勉强维持到1947年,大家族开始分家。家人纷纷自谋职业以求生存,多数人搬出老宅,显赫近百年的大家族迅速走向衰落。

我与古钟缘分深

讲述者:刘德鸿　　　　原住:东门里姚家大院

时间:2015年3月　　　来源:《城的记忆·老城逸事》

真正的天津,是老城里呀!东南西北门,这里是老天津!我与鼓楼那口大钟缘分倍儿深。我小时候总到鼓楼上去捉迷藏,我和同学们放学以后捉迷藏,有的藏佛爷那儿,有的藏楼梯那儿。有一次我被追急了,就藏进那口大钟当中去了。

他们都找不着我,可是我自己藏着藏着就害怕了,那个大钟里面很黑。我再一看,那个大钟是吊着的,就是脚底下那个莲花荷叶纹那儿透着一点光亮。我害怕了:这个大钟要是把我扣里面,我还回得了家吗?我也找不到妈妈了!结果我自己赶紧就从底下爬出来了。

后来我搬家到河东二号桥,有一回过年——记得那是1998年,我领着我的小孙子到二宫旁边的一个博物馆(就是现在天津市总工会大院)去玩。当时看到那个博物馆里面放着的都是钟,还有一些匾额和雕刻的碑。我就说领着孩子上里面转转吧,哎,发现了这口钟了!我仔细看了看,跟我小时候记忆里的那口钟完全吻合,但是我现在钻不进去了!在这儿我又碰见了它,这真就是一种缘分!

访拍老城里(节选)

讲述者:杨惠全　　　　　时间:2003 年 11 月
来源:《天津老城里百姓人家——口述与影像的记忆》

2003 年 6 月 1 日,有着 600 年历史的天津老城里开始拆迁改造。这片有着 2.8 万户家庭 7.8 万人口的老城区,行将在天津城市的版图上消失了。为了记录老城里百姓的生活现状和他们的往事,我对 100 个老城里百姓的家庭,开始了长达半年的走访和拍摄。

刚开始拍摄时,我在胡同里张贴告示,说《今晚报》记者免费为大家拍摄拆迁前与老屋合影的纪念照。当初居民不相信,通过二周的接触,我把拍好的一些照片送到人家手中,大家才相信免费拍照的事。这样居民互相转告,约我拍照片的家庭增多,于是我决定拍摄 100 个家庭。

老城里人家,几代人同居一室的比比皆是。在这里的几万间破旧平房中,百年以上的老房居多。在访拍老城里的过程中,我了解到,居住在这里,生活起居有"三大难":一是"吃水难"。北马路北海楼 65 号院一共 78 户人家,居民们说:我们这院儿比"72 家房客"还要多几家。大家共用一个水龙头,排队等候不说,时不时地水还就跟不上流儿了。这样的大杂院,人口稠密,每天都得为做饭发愁,因为没处摆炉子。二是"出行难"。老城里人口多胡同窄,每逢上下班、上下学高峰时间,哪条路不堵?哪条胡同不排队?西北角的南朱胡同,窄得竟然连车都推不进去,胖子进胡同都要侧身。一旦有人患了疾病,连抢救的担架都过不去。三是"如厕难"。老城里人谁没有深刻的体会,谁没在公共厕所排过队?老城里共有公共厕所 51 个,平均 1500 多人使用一个公厕。白衣庵胡同 36 号 83 岁的傅文秀大娘在接受访谈时,第一句话就说:在老城里住最怕的就是上厕所。大娘在这里居住了整整 40 年,过去一下雨就满屋灌,淘水也没有用,因为胡同的水下不去,屋内的雨水也没处淘,只有等胡同中的雨水慢慢地落下去,再想办法掏屋内的雨水。大娘就是因为雨天路滑加之胡同路面坑洼,前些年曾摔折过股骨。

2003 年 6 月 20 日,入夏以来最闷热的一天,也是老城里拆迁最红火的一天,眼看着推土机把一个个院落推倒,我的拍摄和访谈开始与推土机赛跑。我进到人家,和他们拉家常,了解他们是什么时候搬来的,家里有几口人,家中发生过什么变故,现在做什么工作,生活怎么样……我把这些都记录下来。

访谈老城里板桥胡同的杨凤兰，她一家三代四口人住在一间14平方米的老房里，这么多年，杨凤兰只能和婆婆在房子中间拉一道帘子。一年又一年，婆婆渐渐老了，已经是85岁高龄，杨凤兰自己也从青年熬成中年，一家人就盼望着旧城改造。于是，我以她家那道帘子为拍摄对象，拍出了帘子前的婆婆和帘子后的媳妇杨凤兰。

老城里城守营西箭道13号，有位88岁的陈云芝老人，听说报社记者为她家拍全家福，高兴地说"我们家这么多年只拍过两张全家福。一张是1965年我过生日时在东风照相馆拍摄的。那时家中才有十几口人。第二张是1978年拍的，那时家中已有二十几口人了，是在河北大街上的一家照相馆拍的。到现在已是四世同堂，人口很多，全家却再没合过影。"

我一听很是兴奋，和老人约定了拍摄时间。给这样人口众多的家庭拍摄，不是件容易的事，我前后到老人家四次才最终拍成。老人全家包括两三岁的孩子都被抱来了，一个都不少。可老人家里成员很多，屋里根本没法拍。我把大家招集在院子里，让老人居中，坐在一把老式椅上，全家人则围着老人或站或坐。当时是下午4点左右，光线非常好，我不停地找着最佳拍摄角度，最后在对面房屋通向二楼的楼梯上，拍下了让老人全家都无比满意的全家福。

天津老城里拆除了，拔地而起的是连片的高楼大厦。老城里消失了，但是老城里人的生活记忆却是永远也无法抹去的，一百户人家的一百张照片，便是他们曾经的人间烟火，苦辣酸甜。岁月，可以定格。生活，将永远向前。

创办天津老城网　发起老城邻友会

讲述者:戴晓泉　　　　　原住:北马路至祥里

时间:2015年1月　　　　来源:《城的记忆·老城逸事》

2003年老城厢整体拆迁时，我从6月份到10月份，骑着车，带着一台照相机、一台摄像机，在城里拍了将近五个月。那时单位离城里比较近，所以可以利用中午的时间去，下班后有时也去。很遗憾，那时没有数码相机，要不还能多拍些，越拍越觉得城里这么全拆了可惜，尤其是有的大宅院，刚拍完没几天再去，就成平地了。我不是说城里不该改造，有很多破房子确实是应该改造，可是这么一块见证天津历史的区域，几乎是一点儿不留的，把那么多的大院子和名人故居，有的甚至是革命遗迹都统统拆了，确实有些遗憾。虽然有不少房子已经很破败了，但像仓廒街徐家大院、江苏会馆，南门里的铁门张家，东门里姚家、杨家，户部街王家，东马路的东安市场等，拆除时保存得还是比较好的。当时有二三十处挂着文物牌的建筑也说拆就拆了，不知道是为什么。

2003年，那时网络已经开始逐渐普及了，我就想，虽然老城里没了，但惦记着城里的人应该还有不少。因为我在城里住的时候，周围的邻居、长辈一提就是"我在城里住"，这不是什么炫耀，我觉得这是对一个城市、一个地区的归属感和认同感，一个城市的人民要是没有了归属感，那就没有了稳定的基石。那一年的年底我自己鼓捣了个网站，开始是网易的免费空间，后来免费的没了，我就自己申请了一个域名(www.tianjinoldcity.com)，租用了网上的空间，把我所拍摄的一些图片放在网上。逐渐的，在网站上留言的人多了起来。2006年时我开通了天津老城论坛，现在仍在开通，成为人们关注天津老城的一个平台，现在有2000余正式注册会员。2010年我和朋友制作了一份"老城E刊"，开始是图片版，后来改版成微信公众号，不定期地刊出关于老城的图片、故事或考证成果，放在网上供大家阅读。这两年，我们又依托网站和微博、微信发起"同画找家图"活动，将天津老城老西北角等老城区的地图传到网上，让曾住在那里的居民在上面标出自己家的位置和自己当年常去的胡同，有很多人参与其中。天津的一些电台、电视台、报纸也报道了我们关于老城里的活动，这样一来联系的人就更多了。为了加强与散落各处的老城里人联系，让大家有一个聊天说话的地方，让更多的人了解老城文化，2011年年初由我发起并操办了天津老城网与老城博物馆、天津建筑遗产保护志愿者团队共同主办的第一届邻友会，当时也得到知青网的大力支持，有很多居住城里的老知青参加邻友会。据我了解，这次邻友会应是天津第一次以老邻居联谊为主题的文化活动，在这之后我们又组织了一些小型活动，积累了一些宝贵的口述影像资料，也有更多的人加入对老城文化的挖掘整理中来，我们也经常在一些报刊和媒体上发表一些文章。2013年6月，为了纪念老城整体拆迁10周年，天津老城网又联手天津文化遗产保护志愿者团队和天津知青网在老城博物馆共同主办了第二届天津老城邻友会。这次来参加的老居民有 50 余人，比第一次参加的人数多了，年龄层次丰富了，有的老邻居还给我们写诗、题字。之后我们和天津广播电台滨海广播的《城市记忆》栏目，合作举办了"回望老城"专题节目，采访了大量老城居民和专家学者，并在当年 9 月份播出一个月。

2014 年我们重新整合了一下，将老城邻友会作为一个联系热爱老城文化的老邻居新朋友的团队，还设计了 logo（标志），把天津老城网作为邻友会的网站，把"老城 E 刊"作为会刊。当年 12 月，应南开区档案馆之邀在馆内举办了第三届天津老城邻友会，并以此作为档案馆口述史资料征集启动仪式。

不论天津还是其他地方，老城，对于一座城市的百姓，在很多人心里都是一种情结。在这几年关注老城的过程中，我有两个愿望：一个是如果可能的话，将来把老城的景象做成多维立体的场景，把一座座大院、一条条胡同展现出来，并把老城的文化融入当中，让人们能够身临其境般地体验老城的文化与韵味，也可为文学、影视创作提供基地或素材。另一个愿望是，全国各地的老城有很多已拆迁，希望都能有类似天津这样的邻友会，将老城人聚在一起，共同为抢救、搜集、研究、传承各地老城文化做事情，也希望彼此多沟通、多交流。

下编　厕风卫俗

第一章　居住民俗

自明代设卫筑城后，城内居民多来自江南军籍，人杂五方，崇尚习武。漕运繁盛，商业发达，民风喜贾。入清以后，富贵者营造宅第，铺张奢侈，以靡费为荣；贫困者无立锥之地，指身为业，日挣日吃，多染游民习气。

境内社会习俗多源于旧城厢及天后宫。历经数百年形成、演化的民俗，名目甚多，从居住、服饰、家族到岁时节日、民间信仰、人生仪礼等习俗，有南北之分，风俗各异，反映了当时社会生活和文化心态。其厢风卫俗具有浓厚的地方特色，又有天津典型的特征。

中华人民共和国成立后，宣传科学，破除迷信，提倡移风易俗，许多陋习已自然消失。婚姻自主，新事新办；丧俗从简，实行火葬；计划生育，只生一孩等新风良俗已经或正在形成。

第一节　民居类型与样式

　　天津民居的类型按建筑的高矮划分,有平房和楼房;按民居所使用的建筑材料划分,有窝棚、草泥房、灰房、土坯房、砖瓦房等;按建筑风格及时代划分,有传统民居、园林式民居、西洋民居和公寓式民居等。

　　窝棚也称窝铺,是城市贫民或乞丐的居所。城内窝棚多用树枝、竹篾编成半圆形的支架,上覆苇席或秫秸,有的为御寒,在外面抹一层草泥,两侧一头封死,一头开门。草泥房建筑材料由泥和草、苇席等组成,只是其屋顶和墙身比窝棚严实一些。灰房是在草泥房或土坯房的基础上将屋顶和墙身用青灰罩面,即抹上加青灰的白麻刀灰。老城区内的建筑则以砖瓦房或土坯代砖的房屋为主。

一、传统民居

　　传统民居包括四合院、三合院、大四合套、筒子院、独门独院及门脸儿房等。

　　四合院　四合院是天津传统民居的主要形式,也是中国传统建筑庭院布局的一种方式。它在纵轴线上安置主要建筑,对面和两侧安排次要建筑,形成平面为四方形或矩形的院落,四周用围墙封闭。一般四合院都是坐北朝南方向,故以北房为上房,东西两面房屋为厢房,东南部位开大门。大门的门楼是最讲究的建筑,象征着财势和地位。门外两侧有圆形或方形的石墩,俗称"门墩儿",大门中间是条石台阶,大门前有的设有一对石狮子。进大门后是过道儿,因与南房平行,故有顶。过道儿内设门房,门房对面沿墙壁处置春凳,俗称"懒凳"。大门迎面是影壁,影壁西侧设一道门,俗称"二道门子",也叫"屏门"。有的二道门子与北京四合院相似,安装垂花门(天津清代八大家之一的卞家宅院内的垂花门是当时营造最为讲究的一种)。进院后,东、北、西三面多是三面转的穿心廊,有台阶两磴(民间将台阶的"层"俗称为"磴")。在东、

西厢房房山墙下与北房交界处设有两个小房，东面为厨房，西面为厕所。夏天院中可搭起高高的天棚，起遮阳作用，俗称"凉棚"。

三合院 三合院也是天津民居的主要形式之一，属于半封闭式的院落。院中三面均建有规整的房屋，另一面是院门，除无南房外，与四合院的结构大体相同，平面呈"凹"字形排列，缺口处为院门。三合院的院门面积比四合院小，但仍讲究方砖墁地、盆(或桶)栽花。辛亥革命以前建的三合院都有门楼和影壁，以后建的则多数门楼以花墙砌大门，或以简易的对开木门代之。门墩儿上也少有雕刻，条石台阶，一般不高，仅一二磴。

四合套 四合套是天津传统民居的典型代表，它是若干个四合院、三合院、独门独院，甚至包括杂房、车房、马棚等附属建筑组成的大型院落，民间俗称"大四合套"。

四合套的院落有两种形式。一种是横向的，一种是纵向的。横向的四合套一般是中间设大门，有门楼和影壁。进大门后从影壁左方进入院子，迎面是一个胡同式的箭道。箭道是横向四合套的中轴线，用方砖铺成甬路，以此沟通东、西两院，两院的房屋一般不对称。西院不住人，为家祠、佛堂、客厅、戏楼等建筑物。东院是连续几套的四合院、三合院，均由主人及其晚辈使用。这些四合院、三合院的院门均开向箭道，出入互不干扰。纵向的四合套则是多重递进式的四合院落。第一道院落的北房又是下一道院落的南房，以此类推。人们经中间的堂屋进入各院落，因此民间称中间屋为"穿堂屋"。穿堂屋两侧均不住人，仅当客厅使用。一家之主居住在最后一个院落的北房，其余家人的住房也与四合院一样，按辈分长幼为序排列。

旧时天津的官宦人家及富商大贾大多都居住在旧城区及其周围的大四

合套院落。此外,大四合套中除中国传统的庭院营造式样外,还有一些为中西合璧式。

筒子院 筒子院是院中只有两边有住房,一面为大门,一面为简易的厦子间组成的长方形院落。院门多为高墙大门,迎门立"插屏子",为起影壁作用的木质屏风,由三扇屏组成,平时绕行插屏两侧,有大事时,屏风两侧均可开启推向院内,中间部分则可卸下。筒子院忌在院内每侧建一单间、一套间或一联三间住房的布局。

独门独院 独门独院在天津有广义和狭义之分。广义的概念是指不限房屋的规格大小和类型,由一个家庭或家族居住的统称"独门独院"。狭义的概念是指那种院内几间房屋布局不规整,不统一,但又自成体系的小院落,一般也都是一家居住。近几十年,大部分独门独院都是院内的一面为住房,院子呈纵向长条形,住房或单间或呈里外套间形式,也有的迎面是住房,大门两侧设厨房、厕所等,中间是横向长条形院子。

门脸儿房 门脸儿房是指沿街无门楼及庭院的房屋,其门窗均开向街面,一般常做店铺使用,通衢街道随处可见。有的门脸房是纵向的里外套间,商家多是里间作居室用,外间作店铺用。公私合营后,店铺门面减少,原来的门脸儿房多改成居住用房,门口一侧垒起生火存煤的小屋,便道成了临街住户的生活区。

二、园林式民居

旧时,津门不少大户人家利用宅第宽大的优越条件,择幽静处掘塘引水,植木移花,建造花园式别墅。这些花园宅邸多按照中国传统的园林建筑风格进行规划,亭、台、楼、阁俱全。

三、公寓式民居

公寓式民居是天津开埠后出现的建筑形式,表现为平顶式平房和楼房两种,而楼房又是从筒子式结构的筒子楼逐渐发展为单元式结构的公寓。

公寓式民居在旧时多由私人开办的房地产公司兴建,居民以租房形式居住。这种公寓式房屋布局是统一的。平房，都是平顶式，按"排"组成居民区，每排至少有 6 至 8 间住房，对面是矮于住房的小厨房，每排都有围墙和门，组成一长条胡同状居住区域。同时数排居民共用自来水及厕所。

筒子楼一般高 2 至 4 层不等，楼内(或外)两侧为楼梯，楼道呈长条胡同状，两面为住房，有的每层设一两个厨房，一个厕所，由该层居民共同使用，有的则只设厕所不设厨房，居民只有在楼道自家门口处设灶做饭。

20 世纪 60 年代末，天津出现单元式结构的公寓楼房，但均在旧城区外。这种公寓式楼房按住房间数的多少分为一室一厅、二室一厅、三室一厅、四室一厅等。一室一厅的单元房俗称"独单"(早期的独单厅很小，有的甚至无厅，只是一个狭窄的过道儿，后期的独单才出现较大的厅，故也称"偏独")。二室一厅的俗称"偏单"，房间为一大一小。若两间住房大小相等，且在同一方向，则叫"中单"。无论哪种单元结构，每个单元内都设有厨房、厕所及上、下水管道等设施(后期有煤气和暖气设施，俗称"双气")，以阳台代庭院。单元式结构的楼房通常高 5 至 7 层不等，后出现高层住宅，有楼梯和电梯间。

20 世纪 90 年代后，兴建许多别墅式居住小区。

第二节　住宅结构与安排

天津传统民居讲究四梁八柱，其房屋布局受封建礼制的影响，在安排及使用上有严格的规定。

一、门楼

门楼是传统民居三合院、四合院及大四合套院落中不可缺少的导引性建筑，它是一个家族或家庭的门面，故又是财势的象征。民间的门楼主要有虎座门楼和八字门楼两种形式，以虎座门楼居多。民间最讲究的门楼是装饰砖雕，天津民间工艺三绝之一的刻砖艺术就是为营建豪华宅邸应运而生的艺术表现形式。旧时的富商大贾都以在宅院装饰刻砖为荣，以装饰构造复杂的刻砖炫耀显贵。就门楼而言，从清水墙、瓦顶、脊头、墀头、墙垛、角柱石、抱鼓石、台阶等处从上至下都装饰吉祥纹样的砖雕。其中墀头这一部位就饰有六七种不同的纹样，包括前檐砖、扁盒、门额、挑檐、墀头腿、花牙、荷叶墩等。

门楼的大门为木制，二扇门可朝里对开，明朝以前油成黑色，以后则漆成深紫或褐色(筒子院的大门要用熟桐油涂)。两扇大门的中部饰有铜铺首。门楼中间即大门下装有可拆卸的门槛儿，通常是白天卸下，晚上装好。门槛儿下设置多磴条石台阶，以单数为吉，越多越能显示主人的高贵和富有。门楼两侧设圆形或方形的石墩，俗称"门墩儿"或"门枕石"，若是圆形的也称作"抱鼓石"，上面均饰有吉祥图案的浮雕。门墩儿的设立，如同一对猛虎蹲坐两侧，虎座门楼亦由此得名。

此外，有不少民居的门楼讲究装饰木雕，即在门楼上装饰各种花纹的木格花楣子或如意头的木条。这些均为活板，可以随时取下，以便拆卸大门门框，进出轿子、棺材等，民间俗称这块雕花木板条为"神路"。

民国以后，新建的三合院多无门楼，即或有门楼，也无过道儿和门房。通常是花墙大门，两侧有门墩儿，条石台阶亦不高，大多不超三磴。

二、影壁

影壁也是传统民居中不可缺少的建筑，置于院内正对大门处，分基座和壁身两部分。基座多为须弥座式，壁身多为正方形，四周是砖雕装饰，中间挂有书"福"或"鸿禧"等字的木牌。由于多数单独的四合院都是在房屋的东南角处开大门，故进大门后直冲的就是东厢房的房山。民间认为进门见房山不利于居住，故建影壁或将房山装饰成影壁墙，称为"座山影壁"。

影壁砖雕装饰十分精美，在一座影壁上可以装饰10多种不同纹样的刻砖作品，其中包括清水墙、瓦顶、托头、檐头、壁额、壁柱、壁心、壁身及须弥座等部位。

辛亥革命前营造的三合院均有影壁，民国以后多不建。但为隔绝内外，三合院和筒子院等院落均设"插屏子"，仍起影壁的作用。插屏子为木制，由三扇屏风板组成，中间扇可卸下，两侧可分别向院内开启，若是封顶式的，民间则称为"过道儿"。

三、过道儿

过道儿也叫"门道儿"，是门楼内的空间地段，起通道作用。过道儿房顶悬有一盏白棉纸糊的"门灯"，上贴红纸剪成的"堂名"或带姓氏的"X宅""X寓"等标志。

四、二道门子

二道门子也叫"屏门"，多置于影壁西侧，即院内东、西厢房靠南端的中间部位，是进入庭院的最后一道门。旧时所云大家闺秀，"大门不出，二门不迈"，其中的"二门"就是指四合院中的二道门子。

二道门子是一个封闭式的过道儿。迎门处是四扇屏风门，除家中有重大的喜庆及丧葬活动外，平日一般不开。上挂木斗方，红地黑字，多书"斋庄中正""福禄寿孝"等字样。东、西两侧也各有两扇隔扇门，靠东侧的不开，人员由西侧通过进入院子，故西侧的隔扇都摘掉不挂。二道门子的顶部铺瓦起脊。

还有一种二道门子呈垂花门式，木雕装饰十分精致。

五、庭院

庭院是三合院、四合院建筑中以房屋、虎廊和围墙围绕的一个中心空间构成闭合的单位，作为露天的空间，是外界环境与室内环境的过渡。

旧时的三合院、四合院，多是进院后东、北、西三面有三面转的穿心廊，廊与地面用两磴台阶相接。庭院内不留黄土地，不栽树，通常是大青方砖墁地。院内四角置桶栽的夹竹桃或石榴树，夏日时常在院中用杉篙和苇席搭起天棚遮阳，用青砖垒起镂空的砖垛，上放青石板。纳凉时上放茶具，夏秋两季则按时令摆放茉莉花、凤仙花、鸡冠花等。讲究的人家则摆荷花缸，缸内种植荷花。冬季多把青石板拆下收起来，花卉也搬进空闲房间。

六、门窗

门窗既起屏绝室内外的作用,也有调节室内空气、排气放烟、采光的功能。

在三合院、四合院中,庭院内各房的屋门均为六扇木隔扇,处于屋门的两根明柱之间,中间两扇可以启闭,为进出所用。在这两扇门外上方设置木制的帘架,以备夏季挂竹帘子或苇帘子所用。民间还有一个习俗是在农历九月十七日安"风门子",即在此日摘掉夏季遮阳的帘子,安装冬季御寒的"风门子"。

由于旧时房屋结构均为四梁八柱,因墙壁不承重,加之当时砖价昂贵,故房屋前檐墙窗台以上为木板。窗户为百眼窗格,外面或油或漆,用枣红漆最为讲究。屋里面则糊粉间纸,并留有"风斗"通气。清咸丰、同治年间,玻璃自国外输入。故窗户改为下层装"三块瓦"玻璃,上层装可开启的"步步紧"花格横窗棂扇。20世纪20年代后,前檐墙逐渐改为砖砌,窗户多用横上亮子,四扇门式。

屋内之间的门多由可向里折叠的两块实板组成。实板一端的上、下方都有探出的木轴,镶在门框上、下安装的木槽内,可随时拆卸。还有一种讲究的门是与房屋冲外的门相同,上部为铺地锦木窗格,下部为雕花,后面仍衬实板,中间镶夹玻璃镜子,如无雕花,则在实板上装饰书法作品。屋内里间屋炕头儿和堂屋灶台之间的板墙上还多设有一窗户。因炕头儿部位多由家长制下的女主人即婆婆盘坐,可通过此窗窥见堂屋及儿媳妇在灶台周围的一切活动,故民间称这眼窗户为"婆婆眼"。

七、堂屋

堂屋是"联三间式"住房的中间屋,平日为家人聚会、议事及待客的地方。旧时的三合院、四合院均以北房为上房,北房大多是"联三间式"。大的四合院房屋面阔较宽,北房则采取"明三暗五式"的结构,即在堂屋两侧的里间屋各附带半个开间大的套间。由于北房是上房,按长幼有序的居住原则由一家之长居住,故北房的堂屋自然成了家庭的中心,同时也是家长接受晚辈请安及对晚辈训话、教育的地方。

堂屋的装饰有一定的定式。通常在迎面墙上挂有中堂画轴和对联,一面贴墙处摆条案。条案当中放置座钟,两侧设置对称瓷制食罐、帽筒,右侧为帽镜,左侧为掸(胆)瓶,上插鸡毛掸子。有俗语曰:"左瓶右镜",以叶"平静"二字音韵,用祈生活顺当。清末以后,有的在帽筒与掸瓶之间放玻璃花,右边的帽镜旁摆天球瓶或尊等瓷器。条案前中间处摆放八仙桌,两侧置一对太师椅,椅前均有镂空的脚搭。八仙桌上陈设带绣花壶套的茶壶及带盖茶碗等茶具。年节或喜庆日八仙桌周围还饰以红缎面或布面的绣花桌帏。

由于北方冬季寒冷,故大多民居在堂屋与右侧的卧室(即里间屋)板墙下置灶台,灶台与卧室的炕洞相通,以此取暖。堂屋左侧与卧室的板墙下放置大水缸,缸上贴"吉庆有余"图案的杨柳青年画,俗称"缸鱼"。

八、里间屋

里间屋是堂屋两侧的房屋,通常作为卧房使用。一般在前檐墙窗台以下砌砖(或土坯)炕,与堂屋灶台相通。炕为 8 层砖高,民间有"七行锅台八行炕"的俗谚。炕的长短、宽窄无定制,依房间大小而定,但长向与里间屋的面阔一定相等,横向略小于进深的一半,故民间有"一间屋子半间炕"的说法。冬季在堂屋内灶台生火做饭,烟火可从炕内烟道通过,以此取暖。因接近灶台的一端温度最高,故称之为"热炕头儿"。

民间习惯在炕上先铺一层压扁的苇草,后铺苇席,苇席之上再铺棉炕褥。炕褥讲究老人铺蓝色,新婚铺大红色。睡觉时还要铺一层棉褥子,有单人和双人之分。此外,炕上还摆有不可缺少的家具。在沿板墙上"婆婆眼"窗户下设置一有屈矮条桌,俗称"炕琴",其对面沿山墙处放被阁子。白天多在炕中间放炕桌,桌上摆茶具及瓜果等零食。

在炕上的睡法(指夜间正式睡眠),民间也有一定之规。一般是头朝炕沿处(炕沿为木制,上大漆,讲究的人家在炕沿上饰有木雕花活炕脸),人们称此为"头朝外"。排列的次序多是男人靠门,女人靠里挨被阁子处,有男人守护家人的意思。若只有一二人居住,也可采取顺炕而卧的方式,但须两人头朝一向,不可"睡通腿"。此时,女人多在炕沿睡,说是可以迟眠早起,便于劳作及侍候公婆。

里间屋的家具基本是一样的固定摆法。进里间屋迎面置连三桌子(或根据房间的大小置连五桌或连二桌子)。墙上是一个大的穿衣镜,两侧有对联,上有横批,与穿衣镜组合成一体,用木框镶成。桌上中间放一冰盘,里面常置佛手或其他鲜货,夏季时放冰块,以此降低室内温度。冰盘两侧摆放对称的茶食罐、花瓶或妇女梳妆所用的粉妆子、梳妆匣子等物品。炕的对面沿墙处是一架条案,案上两端有的置放箱子。中间放座钟,两侧置对称的茶叶罐、帽筒,然后是左掸(胆)瓶,上插鸡毛掸子,右帽镜。若室内空间大,条案前则放八仙桌,桌上置茶具等物,与堂屋一样,饰有桌帏。桌子两边有对称的骨排凳。

在里间屋的门楣上方板墙处还须置一面镜子,是为主人穿戴好衣帽即将走出房间时检查衣冠是否整齐之用,故民间称其为"抬头镜"。在炕沿与连三桌子边角处还置有一俗称"杌子"的凳子。其高矮比炕沿低一些,是妇女放尿桶所用,这种习俗源于清代,此外,还可用作上、下炕登踏。直到 20 世纪 70 年代,仍有不少家庭保持这种居住格局。

九、厢房

厢房是三合院、四合院中东西两面的房屋。根据院子的大小,厢房有联三间或里外套间之分,均为家庭中晚辈儿孙以长东幼西的定制居住。联三间式的厢房与北房联三间的形式相同,其房间布置和使用也一样;里外套间式的,俗称"里外间儿",外间儿做堂屋,里间儿做卧房。卧房内陈设也与北房的卧房相同。

十、厨房

厨房是民居建筑中不可缺少的附属建筑,在三合院或四合院中,通常设在东厢房房山下与北房相交的空间,房间不得高于北房和厢房,约有 1/3 开间大小,与厕所的位置相对,有"东厨西厕"之说。

十一、厕所

厕所也属于民居建筑的附属建筑物。在三合院、四合院中，常设在西厢房房山下与北房之间的空间内。厕所内使用的大便器为木制便桶，上有活动木盖。使用时，为了卫生需要，有草编圈垫在桶子上，讲究的人家在桶子圈上缝制布套。便后，要用炉灰或灶灰掩盖。大便桶全家共同使用。每天早晨 6 点左右，有专人挑着大竹筐，筐内铺苇子席，挨家挨户将粪便倒入筐中，再挑至城外粪场子。因此，每天一大早，各家都将桶子拎至户外。由于每到一户就高喊一声，故民间称此项工作为"磕灰"，专门从事这一工作的人为"磕灰的"。20 世纪 60 年代，此种工作改在晚间七八点钟进行，负责此项工作的人被纳入国家正式的环境卫生部门统一管理。同时，把旧时肩挑改为用平板车。车上置 8 个方竹筐，每晚便可听到街间里巷的阵阵摇铃声，此种习惯一直持续到 20 世纪 70 年代中期。

第三节　住宅建筑仪式

旧时，民间历来把房屋视为最重要的家产之一。每家主人都把建造房屋当作家庭生活的百年大事，希望把它传给子孙后代。为家族人丁兴旺，祈福求顺，民间建造房屋形成了诸多不成文的规矩和风俗习惯。

一、选址

民间历来都希望把住宅建立在"风水宝地"之上。宅址多请风水先生判定。

二、聘领工

领工即"工头",是负责召集、组织泥瓦工、木工、油漆工等工匠建造房屋的人。当阴阳先生测算好建造房屋动工吉日良辰后,主家的第一项准备工作就是聘请领工。

三、谢神动土

民间认为破土是一件极为严肃的事,需要谢土地神。破土日期和门的方位均须由风水先生判定。

破土动工的前一日,主家全家要素斋,讲究的人家要沐浴、更衣,有些富户还要请僧、道诵经。同时,还要备好敬神所需的供品。

开工动土当日,主家要在宅基前清整出一小块干净的场地,摆好香案,上置五个装满硬皮糕点、苹果、香蕉及鱼、肉供品的碗碟,点燃香炉。此时,主家先跪拜三次,领工及众工匠随之依次跪拜三次,谓之"敬神""谢神",祈求土地神保佑建房顺利。之后,要燃放鞭炮,以求开工大吉。同时,领工要唱《动工歌》。《动工歌》实际是领工即兴说唱的顺口溜,大多是祝愿建房顺利的吉庆话和对土地神、对主家房基的赞美之词。领工唱完之后,主家和领工用铁锹象征性地挖几锹土,众工匠分食敬神用的供品,民间俗称"供尖儿",以图吉利。至此,谢神仪式才告完成,工匠们便可动土打地基。如有的人家请僧侣主持谢神仪式,僧人手执一碗内盛冰水浸泡的清茶,朝宅基地边诵经边用手蘸水点三滴,之后,工匠们即可破土动工。

四、打夯砌墙

打夯是将房屋墙基地夯实,天津民间对此要求极为严格。首先要用钢钎探查地下有无石头。民间认为房屋下埋有石头是不吉利的,故要先将宅基下的碎石刨出。然后,主家和领工在宅地上画线,粗夯地基。之后,在边上挖一条槽,俗称"挑槽"。槽挖好后再一层一层地填土夯实。这时主家要在房屋的四至(即四角)布下压胜钱。普通家庭用铜钱,富户人家用银锞,以双数为吉。凡此种种,都谓之"金钱窝",以求家族或家庭财源茂盛,人丁兴旺、避灾趋吉。由于天津近海,且地下水位高,地基土属碱性,为防潮及返碱,人们还要在地基下放椿木条或苇子,形成 1 寸左右的隔水层,然后再在上面砌砖垒墙。

清初民间出现大批砖瓦房,使用的是青砖,价钱十分昂贵,故房屋的前檐墙只在窗台以下用砖砌,窗台以上则用木板装饰。还有的人家为节约用砖,砌墙时只在里、外两面用整砖,中间则夹碎砖头,俗称"马槽间"。普通家庭多用土坯建造房屋。

五、上梁

上梁,是房屋建造中最重要的一环,也是建造中最隆重的一项仪式。天津民间的四合院、三合院等平房的结构讲究四梁八柱,以木结构的梁架承受整个屋顶部的重量,有"墙倒屋不塌"之说。为此,人们对维系着房屋安全的大梁格外重视,选材考究。

首先,请阴阳先生算定上梁的吉日良辰,通常在上午举行,以正午 12 时完成上梁工序为最佳。

上梁前,主家要为亲朋好友和邻居送直沽高粱酒,谓之"上梁酒",取"良久""长久"之意,以此祈求邻里和睦,亲朋关照。大梁要用红布或红纸盖严实,上贴"上梁大吉"等吉庆联语。梁上还要缀一个用红绸线拴的木匠事先做好的半尺余长"木线"或一双家用筷子。

上梁时,主家要包三个装有酬金的红包给领工,事后再由领工将酬金分给手下的木匠和泥瓦匠。往上吊梁时,木匠要手拿方尺,据说可避五鬼侵扰。同时,要有二三人负责燃放鞭炮、两响,直到大梁落稳放好为止。此时,闻风而来的乞丐们高唱上梁喜歌,以讨主人欢心,多得赏钱。此刻,主家特别盼望乞丐的到来,视为吉兆。如果没有乞丐,还要特意派人去寻,有"花子头唱喜歌必发无疑"之俗话。

大梁上好后,绝不可以晾着,更不可以此过夜,故工匠们要立即进行贯椽。贯椽时讲究根部朝下,椽不能压脊椽的中点,两椽连接处忌讳一根椽压两根檩。此外,对椽所使用的木材也有严格的规定,不能用槐、桑、枣树等。贯椽后要在椽上钉连檐,连檐的接口不可以与门正中相对或与对面房子的门相对。边檐钉好后,工匠们方可休息。

民间讲究新房子不能空闲,要留一家人看守,或将主人的一双鞋放在空房里,起避邪除秽的作用。

六、铺顶

铺顶,是房屋建造的最后一道工序。天津民居以两面坡住房为多,少有一面坡和平顶房。

两面坡的住房即在顶部起脊,俗称"两出水",指雨水可从两面流下,防止下渗。此外,又可以增添房屋的高度和气势。房脊的装饰性也较强,通常在两头做成鸡头状,有的装饰砖雕。三合院、四合院房屋铺顶的方法基本上是在木椽子上铺木板,然后排砖垫土,抹灰压实,讲究者全顶挂瓦,略次者在两侧靠近山墙处挂几道瓦,其余处铺灰,若做图案者,称为"棋盘顶"。无论挂全瓦,还是部分挂瓦,其房屋顶部的房檐均排瓦件,俗称"滴水檐"。

顶部铺好,便可进行房屋的内部装修,旧时主要是在房屋顶和四壁套青灰、白灰,地铺大方青砖,最后是油漆门窗,至此房屋的建造才算正式完成。主家要大摆宴席,酬谢工匠,条件差者则请吃捞面。

第二章 人生仪礼民俗

天津传统人生仪礼，都伴随着众多的仪式和不成文的规矩。在繁多的仪礼中，人们对人生的诞生礼、婚礼、寿礼、葬礼这四大仪礼分外重视，这些仪礼贯穿人的整个生命过程，并形成一个很长的连续性体系。

第一节　诞生礼

依儒家之说，"不孝有三，无后为大"。天津民间普遍希望子孙满堂、家大业大。既盼望"早立子嗣"，又重视"五男二女"。从妇女怀孕、婴儿降生到百岁儿、周岁，都要举行庆贺活动，而拜师父、认干娘、穿百家衣、蓝紫裤等育儿习俗，体现了家长为孩子所做的祈福之心。

一、祈子

天津人祈求多子的习俗，一般在婚姻礼俗中就已显露。在新房的装饰上，就营造出多子的氛围：在墙围或板墙子上张贴杨柳青年画《麒麟送子图》和《莲生贵子图》，窗户上贴有以葫芦万代、石榴、牡丹、喜鹊等吉祥图案的大红剪纸，一对"子孙灯"摆在新房炕头上，被子上绣有"榴开百子"图案等。此外，新娘下轿时要倒红毡，即古时在新娘脚下倒粮食袋子（寓"传代"）的旧俗。拜堂后新娘须吃"子孙扁食"，吃时要用"子孙筷子""子孙碗"。此时有人问："生不生？"新娘必须答："生！"这是借用扁食的生，为生儿育女的口彩。旧时的撒谷豆活动，意在避免无子嗣，天津城市则改为撒高粱，以其丰盈预兆多子。还有晚间全活人用枣、粟子、花生给新人"焐被"（天津方言，即撒帐仪式）等，体现出天津人崇尚"早养儿早得济""多子多福"的观念。

天津祈子的方法很多，其中祈祷子孙娘娘、拴娃娃、供奉张仙、吃红碰头蛋等都是颇具天津地方特色的习俗。

拴娃娃，是天津民间最典型、最普遍的求子方式，盛行于清代中叶以后。旧时，天津娘娘宫（位于海河三岔口处的西庙）大殿天后圣母右侧供有"子孙娘娘"，传说她专司每对夫妻有无子嗣之事，香火很盛。道士们还塑造了百子娘娘、千子娘娘、引母娘娘等主司生育的多位娘娘神像。前来求子的一般是婚后一两年未有身孕的妇女，有婆婆为儿媳妇求的，有母亲为女儿求的。她们供上点心、水果等供品，烧上三股香，留下香火钱，再许下愿，然后从娘娘神像前偷偷抱走一个泥娃娃带回家中。如果是为自己求子，则一边将小泥娃娃揣进怀里，仿佛真的有了儿子，一边默默念叨着"跟妈妈回家吧"。回家后，不能把小娃娃露在外面，而要放在炕褥里角边藏好，不能压着、踩着、磕着、碰着。一旦真的怀孕生下孩子，才能把小泥娃娃拿出来，送到"洗娃娃铺"将小泥娃娃"洗大"，即给它加些新泥，重塑一个一尺左右大的娃娃像。与此同时，还要塑99个与小泥娃娃同样的泥像送回娘娘宫"还愿"。

当洗大的泥娃娃被家长带回家后，做母亲的要将其供在炕琴（一种炕上摆放的家具）上，照顾如同亲子，一日三餐都要供上食物、碗筷，并要根据季节的变化为其添置新衣服。自己亲生的真孩子排行第二，长兄的地位留给泥娃娃，天津民间俗称"娃娃大哥"或"娃娃哥"。每一年，做家长的都要花钱到"洗娃娃铺"去重新塑造一个新的泥像。随着其真弟、妹的成长，娃娃大哥的泥像也由幼年变为青年，由青年变为老年，不断变化形象，穿上长袍马褂，坐太师椅，有了花白胡须等。若其真弟、妹有了子女，他也就成了"娃娃大爷"（爷，音 ye，大伯）、"娃娃大舅"。等有了第三代，泥娃娃便成了"娃娃爷爷""娃娃舅爷"。家里无论男女老少，都要像侍奉真人一样对待娃娃大哥，并对其格外尊重。假如拴娃娃的老太太不在了，则由她的子孙继续供着娃娃爷爷，他们认为所有家里的孩子都是他领来的。

由于"拴娃娃"习俗的产生，天津市面上的"洗娃娃铺"的泥塑行业应运而生，且生意火爆。如今拴娃娃习俗和洗娃娃铺均已经消失，但去娘娘宫求子的观念仍然在一部分市民中存留，因而仍有祈子的善男信女前往娘娘宫烧香、许愿。

吃红碰头蛋，也是天津民间旧时的祈子方式。红碰头蛋，就是红皮鸡蛋，这是产妇的家人为感谢亲朋好友和图吉利而准备的。先将鸡蛋煮熟，再放入有红染料的水中染色，捞出晾干。碰头，是两个鸡蛋在盆中相碰而得名，但必须在"洗三"这天由老娘（天津旧时接生婆之谓）在洗儿盆中捞出。老娘为婴儿洗澡时，口念吉语，一边说，一边把红皮鸡蛋往盆里放，当两个红鸡蛋的大头在水里一碰就立刻抓出来，谓之"红碰头蛋"。一般尚未怀孕的媳妇都希望能吃上碰头蛋，特别是做婆婆的，要托人到处寻红碰头蛋给自家儿媳妇吃。拿到红碰头蛋后，叫儿媳妇脸朝屋里，坐在卧室的门槛上吃下，俗称"倒坐门槛"，认为这样容易怀孕生子。这种旧俗因洗三仪式的取消而绝迹。

二、有喜

　　有喜,即指妇女怀孕。传统观念认为,生儿育女乃家庭和亲族中的一件大事,所以天津人将妇女怀孕称为"有喜",成为具有隐喻性的词汇。关于怀孕之事,一般家庭中的成年男子都忌讳谈论,妇女们习惯称其为"有喜了""有了"或"有身子了"。老年妇女一般以妊娠反应为怀孕标志,即人们俗称之"害口"。当得知妇女有喜后,特别是第一胎,家里人就开始为其祈祷,保佑胎儿、孕妇平平安安。同时,也随之出现许多与孕妇有关的禁忌。

　　怀孕期间,不得参加别人家的婚礼、丧礼。孕妇要与丈夫分房而居,在家庭中也不许触摸供奉的神位和供品。在此期间,孕妇想吃的东西,都一定让她吃到,但绝不能吃兔肉、狗肉、驴肉和螃蟹等。吃兔肉被认为可导致胎儿生出兔唇——三瓣嘴(天津俗称"豁裂嘴儿")。吃狗肉和驴肉则会使孩子脾气暴躁,不易成材,也有说食此后胎儿会化掉。吃螃蟹,会横生倒养(即难产),孩子还会易生"六指儿"。孕妇忌吃葡萄,忌在葡萄架下坐着或走过,怕生葡萄胎(即怪胎)。

　　清末民初之际,风水星相盛行,还有冲犯胎神和星煞一类禁忌,到 20 世纪 20 年代后基本绝迹。

　　为迎接小生命到来,未来的奶奶和姥姥都要忙着为婴儿置备衣服、鞋帽、被褥及尿布等用品。这些准备活动在富有之家往往成为两亲家"亮家底儿"的竞富活动。

　　临近产期,孕妇的婆婆和母亲大都要到娘娘宫烧香,祷告许愿。特别是婆婆,要事先请来"子孙娘娘"的神祃,供在自家的神龛前,每日三炷香,祈求神灵和祖先保佑母子平安、生产顺利。同时,要提前为孕妇预约接生婆。

　　怀孕期间,人们还经常根据孕妇的某些行为来推测胎儿的性别。从饮食上说,酸儿辣女,是天津民间普遍流行的揣测胎儿男女的俗说;从行动而言,儿勤女懒也是预兆。孕妇过门槛时,若常先迈左腿则生男,反之则生女,此即俗话说的"男左女右"。

三、添喜

婴儿降生,在天津民间被称作"添喜"或"添了"。天津土语还将孕妇生孩子唤作"坐月子"。当时的天津,孕妇生产一般都在家中由收生婆负责。产房即是孕妇所居住的房间,绝不允许孕妇在娘家或宅中正房内生产,人们认为那样会招致娘家破落或冲撞神灵,对孩子不吉利。临产期家中恰有人(特指老年长辈)病危,担心两事相撞,则孕妇必须迁出本家宅院,即或借住亲友家,也得付给租金,以示孩子生在自己家中。产妇居室的窗户要用红布遮盖严实,窗外挂上红布条,一是让邻舍知道家里添人进口了,二是提醒人们不要贸然进屋,还有避邪驱灾之意。

收生婆(俗称"老娘")接生时,一般还要请个"抱腰的"助手。生产时,若婴儿先出双脚,谓之"立生",一般视为不祥,多请神烧香祷告。产妇生产时,不允许男人、儿童、寡妇、生人及未出嫁的姑娘在场。

产妇分娩后,特别要处理好胎盘,务必全部脱落。胎盘可入药(即紫河车),天津俗称"衣胞子",一般是先用草纸包上,再用红布包好,到郊区僻远处深埋,不能让人践踏或被狗吃掉,那样会被认为孩子将不长命。

一切处理完毕,要为婴儿洗浴、擦拭身上的血污。洗浴也有诸多讲究,顺序是先洗双眼,次洗鼻子、嘴,谓之"开天门、点龙鼻、开龙口"。然后再从头部、胸部、手足顺序洗净。擦干后用红平纹布被将婴儿裹紧包好。

生孩子,历来被视为妇女一生中的一道关口。旧时,由于科学不发达及"老娘"接生水平、产房、用具等卫生条件的局限,产妇、婴儿常因难产、感染等死亡。特别是当出现婴儿死胎、畸形、怪胎等时,家人会看作是最大的不祥。这时,往往由婆婆做主处理死婴,有的还要将产妇用于分娩的一切物品烧掉,甚至请僧道来做法事,驱除邪气、超度亡灵。

四、洗三

旧时,天津十分讲究在新生儿出生后的第 3 天举行"洗三"仪式。即在第 3 天时由接生的老娘为新生儿洗澡,以"洗"音寓"喜"意。这种庆贺仪式,主要还是为婴儿祈福,兼有酬谢老娘接生的意思。

洗三仪式在产房举行,炕上铜盆中盛温水,放艾叶、桃枝等少许,盆外放葱数根。老娘将婴儿抱在怀中,用软布蘸温水擦拭婴儿脸、手及全身,嘴里尽说吉祥话的顺口溜,"先洗头,做王侯,再洗脸,赛神仙……"。前来贺喜的亲友们遂向洗盆里扔钱,谓之"添盆"。扔的钱越多将来孩的寿命也就越长,人财两旺。洗婴时老娘还不住地往盆里放"红碰头蛋",送给亲友中不孕少妇吃,余者捞出,供向贺喜亲友还礼时用,俗称"喜蛋"。洗儿盆中的洋钱、铜子统归老娘所有。老娘给婴儿擦拭后,要给他穿上衣裤,梳梳胎发,用秤砣轻压婴儿身体,名曰"压千斤",象征孩子长大后能当重任,然后用葱轻打小儿身体,据说能使孩子将来聪明,还要象征性地用锁锁住婴儿的口和手足,望其以后谨言慎行。最后,将婴儿放在褥子上,盖好被子。洗儿水必须单独泼掉,不能与其他泔水混杂。一般没有儿子的妇女会争着去倒洗儿水,倒时让水朝自己的方向,以寄托得子的希望。这时婴儿的奶奶要向"子孙娘娘"神祃上香拜祷,并随黄钱等一起将神祃焚烧,谓之"谢奶奶",然后,请前来贺喜的亲友吃炒菜捞面,天津俗称"四个碟面"。晚间还要设酒席款待来宾。

老娘在给婴儿洗毕后,单独向主家讨赏钱,走到谁处,说到谁处,谁都要另外赏钱。午饭后,主家要将老娘送回。

五、剃胎头

天津民间有"十二晌剃胎头"之说,即在婴儿出生第 12 天时给婴儿剃去胎发。因为人们认为孩子出生度过 12 天后,就算保住了性命,越往后就越好养活了,所以这天要举行一个小礼仪,一般不请外人参加。

为婴儿剃头者多为专业年长的剃头匠。有的人家唯恐不测,只象征性剪下胎发了事。

剃胎头时胎发不能落在地上,须用剃头匠带来的藤子托盘接住。届时,婴儿要由奶奶抱着,由姑姑或其他女眷托着托盘,上铺红布或红纸,将剃下的胎发接住,用红布或红纸包好,缝进婴儿枕头里,以祝孩子长寿。

是日中午,全家要吃饺子,有的人家还要产妇象征性地捏几个饺子,这顿饭和这种仪式,津俗叫作"捏骨缝",意在预祝产妇生殖器官尽早"复旧"。

产妇从生育日起,始终在炕上坐卧,从捏骨缝仪式后又有了产妇"下地"的说法,即从此日起,产妇可适当地在屋内下地活动了。

六、挪臊窝

天津旧俗"出满月挪臊窝",是说孩子满月后,已可到户外活动;产妇亦已结束"坐月子"的生活。同时,也解除了诸多禁忌。

满月礼,是天津人很重视的一个礼俗。满月这天,产妇家要大摆宴席,款待亲朋。来宾都有贺礼,包括童衣、被、首饰等。常见的有长命锁、手镯、脚镯、雕有吉语的金钱等。其中镯子一定要活口的,否则于婴儿不吉利。

满月后,产妇可抱婴儿在娘家人陪同下回娘家小住,少则几天,多则十天半月,全凭婆婆根据当时情况一口而定,叫作"挪臊窝"。临行前,要给婴儿的鼻尖儿用墨、烟灰或锅底的黑烟灰抹成黑色;从姥姥家回来时,改用白粉将鼻尖儿抹成白色,有"黑鼻儿去,白鼻儿来"的俗谚,意思是去时黑瘦,回来时变白胖了。途中车轿出城过桥,母亲要抱好婴儿,口中叫着孩子的乳名,以免"丢魂儿"。回来时,一般午饭后即动身,必在日落前到家。姥姥、舅舅、舅母等要给婴儿怀中放个包有礼物或银圆的红封子,作为第一次来姥姥家的见面礼。

七、百晬儿

百晬,是婴儿出生的第 100 天。天津民间旧俗要举行盛大的庆祝仪式,预祝婴儿无病无灾、长命百岁。为图吉利,把"过百晬儿"也称作"过百岁儿"。是日,所有的亲朋好友都被请来参加宴会。来宾也要携带礼物,如衣物鞋帽、佩饰或食物等。同时,还要给婴儿红包儿(礼钱)。特别是婴儿的姥姥家,除送衣物外,长命锁是必不可少的贺礼。长命锁也称"百岁儿锁",图案多是麒麟送子造型,上面刻有"长命百岁"等吉祥字样,用五彩线做带子挂在婴儿颈上,以祝愿其平安成长。此外,还要定做 100 个寿桃,装两个捧盒与另外一捧盒寿面、一捧盒肉或其他食物派人挑送到外孙家。衣饰等物,则由姥姥亲自带去。一般姥姥家对头一胎男婴十分看重,称为"头生的",为其准备的礼物贵重程度不逊于当初聘闺女，这也反映了旧时天津商业都市的奢靡之风和人们的重子观念。

八、抓周

抓周，旧名"试儿"，是在孩子周岁生日时举行的仪式。形式为将笔墨、算盘、书本、银钱、食品、剪刀之类物品置放孩子面前，看他先抓什么，以预测其未来的才智贤庸和长大后的职业等，多带有取乐性质。

周岁生日这天，老亲挚友都要来庆贺，贺礼除衣物、鞋帽、饰物之外，第一次增添了玩具。亲戚本家谁给孩子做什么，旧日时俗谚说"姑姑的鞋、姨姨的袜、姥姥的兜肚、舅母的褂"。

周岁过后，生育庆贺礼俗基本完结。

九、其他

在孩子成长过程中，还有一些祈福求吉、避邪祛灾的习俗，天津民间较典型的有"穿百家衣""戴百家锁""认师挂锁""认干娘"及拜痘疹娘娘等。

穿百家衣　孩子的奶奶或姥姥出面向邻居求来各种颜色的碎布头，连接缝合成僧袖式衣服，认为穿此衣可长命、避邪。

戴百家锁　由孩子家里出一点小礼物送给邻居亲友，说明意图，收点现钱，然后到首饰店买一挂百家锁给孩子戴，以求长寿。

天津民间还有给小儿穿蓝紫裤、猪鞋、兔鞋、老虎鞋等习俗，一些男孩还要在光头后留一小撮头发梳成小辫儿，至八九岁才剪掉，俗称"鬼见愁"。蓝紫裤是两只裤腿一蓝色一紫色的开裆裤，由孩子姑姑做，谐音"拦子"。当孩子学走时，给他穿上猪鞋，意思是走路稳当。中秋时节穿兔鞋，期望孩子腿脚利落如兔。端午节给孩子挂老虎褡拉，屁股上抹雄黄，以避五毒侵害。

拜痘疹娘娘　旧时天津人为使自己的孩子平安度过出疹子一关，信奉主司痘和疹的痘疹娘娘。牛痘痊愈掉痂时，要到扎彩作坊扎一套彩（按照娘娘宫所供有的主司天花各神及其衣履等物品，用彩纸扎糊成的象形物）。扎彩要和种痘时供奉的痘疹娘娘神一并供奉，烧香上供，次日上午焚化，称作

"谢奶奶"。这天，孩子的姥姥、姨母、姑母等都来看望，并送一种脆皮上布满芝麻的小点心，俗称"掉痂烧饼"。这种风俗在20世纪30年代中期仍在老城区流行，20世纪50年代初逐渐消亡。

认干娘　认干娘的习俗，是天津旧时育儿求吉的一种形式。其观念是由多子女的妇女把病弱的孩子认作儿女，就可保佑孩子长命百岁。认干娘也有个简单仪式，一般是干娘送孩子一套筷子碗（多数是铜碗，条件好也有送银碗的，但不能送瓷碗，因其易碎，恐不吉利）、一套衣服鞋帽及长命锁。孩子家也要送干娘一身好衣料和一双鞋。认干娘时，干娘把一条新做的不缝裤裆的裤子放在炕上，让孩子从裤腰爬进，由裤裆开口处钻出，以表示是亲生的。此俗现已绝迹。

挂锁　旧天津市民家庭以养子为贵，特别是对那些结婚数年才得的"贵子"倍加宠爱。一般添了儿子之后，时兴到娘娘宫或其他寺庙还愿，同时，要为儿子在庙里拜个师父，请师父赐个法名，做佛家或道家寄名弟子（一般不穿僧衣或道服），师父要给孩子挂锁。锁的质地有金、银、铜、玉等，根据弟子家庭能力而定。师父要用丝线带子将锁拴好，为孩子戴在颈上，意谓这孩子性命被"锁住了"。每年春节端午、中秋以及孩子生日，师父必到家里看徒弟，并为之更换戴锁的丝带。师父来时，带一圆笼提盒，内放供尖、香、黄钱及其他所用法器，庙中还供给一顿斋饭。主家要给师父香资若干，并备丰盛的斋饭。直至孩子长到12岁后，举行完跳墙仪式止。

跳墙　跳墙是一种还俗形式。孩子到第一个本命年生日时，要举行这一仪式同时摘掉锁，从此解除师徒关系。这天早晨，家长带孩子到庙中，师父要为孩子戴上帽子。孩子要像小和尚（或小道士）一样做些扫地打水、掸香案等劳动，然后给师父磕头。这时，师父在庙门月台上放一条长木凳，孩子立于凳后，两手各握4个铜钱。一和尚（或道士）高喊："打小和尚（小老道）!"孩子听到喊声，把手中铜钱向后扔掉，跳过凳子，下月台顺甬路往外跑出山门，不许回头，这即意谓"还俗"了。家长在临别时要再给师父一定数量的香资然后告辞。旧时一般人家是不许孩子进庙门的，认为若被那里的神灵看上了，自己的孩子就会被收走，因此，凡在庙里拜了师父的孩子，也只是在跳墙摘锁这天才进庙门。旧时城内各庙都收挂名徒弟，较多的有娘娘宫、城隍庙、太阳宫等。

此外，还有本命年系红腰带的习俗，必在除夕晚间系上，以避邪躲灾。

第二节　婚　礼

明末清初以来，天津在婚礼习俗中逐渐形成一套制度化了的以包办、买卖为主要特点的封建婚姻礼俗。婚礼程序基本上取于古代"六礼"（即纳采、问名、纳吉、纳征、请期、亲迎）。天津旧时的婚姻礼俗有明显的贫富差异，名门望族对婚姻缔结要求门当户对，彩礼重聘，讲究排场。一般和贫困家庭的婚姻习俗根据经济情况而定。

一、提亲

旧时，儿女的婚姻全凭父母之命、媒妁之言。"媒妁"，就是指那些撮合男女成婚的媒人，为男子提亲为媒，为女子提亲为妁。天津旧时称那些专门从事婚姻介绍并以此为谋生手段的中老年妇女叫"说媒的""媒婆"等，又有称媒人为"冰人""月老"的，这是对偶尔起到提亲作用的人的一种雅称（即所谓"作冰""作伐"，都是做媒亦即"介绍人"的意思）。一般家庭中，男子 15—16 岁，女子 13—14 岁时，家里便开始请媒人为其张罗寻找合适的人家提亲订婚，在城市须俟女子十五六岁时再择吉完婚，男家称"娶媳妇"，女家称"聘闺女"。

男女双方经媒人提亲后，还要经过一个议婚的过程才能进入订婚阶段。首先是"讨八字"，相当于古代的"六礼"中的问名。做法是请星相士（即占卜阴阳八卦的先生）为男女双方合八字。合八字要根据男女双方的出生年、月、日、时，按天干地支、阴阳五行的理论来推断彼此是否相生相克。相生的标志是木生火、火生土、土生金、金生水、水生木；相克的标志则是木克土、土克水、水克火、火克金、金克木。八字不合，生时相克，则不可通婚。此外，还有属相不合不可通婚之说，最典型的是流传于民间的"白马犯青牛，猪猴不到头，金鸡怕玉犬，蛇虎如刀锉，羊鼠一旦休，龙兔泪交流"等说法。

现代婚姻，基本上属于婚姻自主，提倡自由恋爱。中华人民共和国成立后，以说媒为职业的媒婆被取缔，一些带有封建迷信色彩的婚俗诸如合八字、看属相等陋俗都被废除。

二、订婚

旧时，男女双方的八字合好后，就可以举行隆重的订婚仪式。届时，男方家要大摆宴席，有的人家还要邀请些有名望的亲友参加，同时，要向女方行聘礼，互换"龙凤帖"。聘礼以金银饰品、衣物或金钱为主。"龙凤帖"为大红染宣纸折叠四折而成，贴面印有泥金龙凤图案，帖内所书为墨笔小楷字，除写明婚姻当事人姓名、排行及生辰八字外，还需注明其父亲、祖父的姓名、官职等，字数以双数为吉。男方家要向女方征求聘娶日期，即同于古代"六礼"中的请期。当提出月份后，男家要问："上半月好？下半月好？"此谓"取庚"，意在避开新娘的经期。因经期迎亲称作"尿轿"，为习俗所忌。20 世纪 20 年代以后，天津城区开始出现在报刊上刊登订婚启事和仿西式以男女互换戒指为特点的订婚形式。中华人民共和国成立后，只要男女双方同意就可到民政部门登记结婚。

结婚登记，标志在法律上已经确认双方的夫妻关系。然而，大多数市民则认为只有举办了结婚典礼，即迎娶之后才能算真正结婚。

不管是旧时婚礼还是现代婚礼，都有个不成文的规矩，即一旦定下迎娶日期便不可更改，有"改日子死婆婆"的说法。

三、妆奁

旧时人们的门第观念相当重，十分讲究男方下彩礼，女方送陪嫁。男方的彩礼相当贵重，包括金银饰品、珠宝翠钻、衣物、金钱等。下彩礼的同时，男方要为女方送去礼单，表明彩礼的价值。女方的嫁妆更是十分讲究，由于是用抬桌来送嫁妆，所以嫁妆的数量是以"抬"来计算的，一般以双数为吉，少则四抬，多则几百抬。这些嫁妆包括瓶、镜、帽筒、粉盒、金钟、玉磬、如意、喜桶、子孙灯、衣服穿戴、金银首饰等，其中必有未来的新媳妇为未来的婆婆、小姑、妯娌等做的一些精致荷包和手帕等，手帕上多绣有金鱼、莲花、八宝等图案。陪嫁中必有喜桶和灯二件,俗称"桶子灯",有"金灯常明万代火,玉盏水存子孙灯"之说。

现代婚姻中,男女双方的家长大多依据自身的经济能力为儿女置办聘礼、嫁妆,并注重从实际生活需要出发,讲求实用性。对男方家的彩礼要求达到一定的数量和质量。20 世纪 70 年代末期曾有"多少条腿"的说法。多少条腿,实际是要求男方家准备的家具数量,并以"腿"的总和来反映。此外,还有所谓的"三转一响"(手表、自行车、缝纫机、收音机),被当作彩礼中必备的大件物品。20 世纪 80 年代后,高档家具、家用电器、金饰品等成为男家必备的聘礼。

对女方的嫁妆没有更多的要求,但大多数女方家都尽可能陪送一些较高档的生活用品,其中仍然不能缺少一对箱子和"桶子灯"。这一习俗一直保存至今。

四、晾轿

旧时,男方家在迎娶之日的前两三天,就在庭院内搭起天棚准备设摆。特别是迎娶的前一天,从早上 8 点开始,男家要将娶亲用的八抬玻璃花轿备好,连同子孙灯、彩谱、高照、旗、锣、伞、扇、韦灯等仪仗执事陈列在庭院大棚下。中午 12 点前,男方需派 4—8 人给女方家送催妆礼。送礼之人多为男方家雇佣的青年男子,穿统一的长袍、马褂,披红绸,手举金色纸贴花,两人抬一抬盒,一般都是两个或四个盒的催妆礼,内放袍裙、凤冠、首饰及新娘穿的单衣、棉衣等,每盒内要撒喜果。此外还要备两抬或四抬盒的礼物。抬盒为深棕红色,分四五层,底托是个带框的大盘子。最上一层必须是露在外面的活鸡鸭,下面分别是生鱼、生肉、切面、蒸食、炉食、干果蜜饯等。其中送去的肉必须要上等好肉,意思是女儿是娘身上掉下来的肉。婆家要报答娘家对儿媳的养育之恩,也称为"离娘肉"。同时,在所送的金饰品中必须有簪子、朵子(天津方言,即戒指)、镯子、钳子(耳坠)等四种金饰物民间俗称"四大金"。女家接到催妆礼后,要收一半退一半,并给送礼人赏钱。约在下午两点左右,由自家雇佣的男帮工将嫁妆抬至男家,俗称"过嫁妆"。当嫁妆抬至男家后,男方聘请的茶师傅(亦叫"茶房",是专门帮人料理红白喜事的人)根据女方家送来的妆奁簿逐件吆喝通报。这些妆奁都要与花轿、仪仗执事一并陈列于天棚下，称作"晾轿"。晾轿意在炫耀家族的财势，同时也含有去除晦气的企望。为讨吉利，晾轿还讲究轿帷绣工精细，多为南绣，色彩鲜艳。图案以龙凤呈祥、葫芦万代、牡丹富贵、榴开百子等吉祥团花为主。富有之家都是以高价租赁第一次使用的新轿帷，谓之"新开剪"或"头水轿"。晚间男家要大摆宴席，招待亲朋好友和左邻右舍，并聘请吹鼓手奏"大乐"，同时由 8 个童子手捧漆托盘，上放荷花形纱灯或元宝形纱灯，灯内点燃蜡烛。童子正面转三圈，再逆转三圈，边转边唱，此谓"童子转轿"，据说可以将轿中的邪祟杂鬼驱走。童子还要到新房内唱一通，意在逐难驱疫。童子们是统一装束，头戴太子盔，垂流苏，红缎上衣，配有水袖，一般要热闹一夜不眠。

除此，男家还要聘请全活人（即父、母、子、女、丈夫皆有之妇人）将新房布置停当。新房的布置有一定讲究，门帘要由新娘的兄弟挂上。门帘为大红缎料或棉布制成，上缘一尺左右处悬红布遮幅，上绣龙凤呈祥或鸳鸯戏水等吉祥图案，边部为粉红色捏褶花边，俗称"走水"。

新房布置好后，要由一对童男童女在新房内先睡一夜，名曰"压炕"，以预祝子孙满堂。

20 世纪 50 年代初期，晾轿这一习俗绝迹，婚礼前期的准备越来越简单。从 20 世纪 70 年代开始，大操大办之风回潮，在迎娶的前一天男家多支起席棚，借来桌椅板凳和碟子碗筷等用具，还要把做饭的大师傅请来，连同家人及亲朋好友，一同把婚宴要用的食物提前制成半成品，俗称"落桌"（落，音 lào）。女方家这一天要将陪送的嫁妆用红平纹布包成一个个包袱，数量以双数为吉。用车（初为三轮车，后改为汽车）将嫁妆送至男方家中。一般在下午 3 点左右，由女方的弟妹亲自去送。男方的母亲要提前备好礼钱，来几个人送几份。女方的弟弟还要将陪送的大红绣花门帘挂在新房的门框上，有"小舅子挂门帘"的说法，男方的母亲要再次拿出礼钱酬谢。

20 世纪 80 年代后期，过嫁妆的风俗逐渐消失，一般男女双方都在平日逐渐置办今后的生活用具，特别是有住房的人家，随时买来东西随时存放在新房内。

五、迎娶

迎娶之日是整个婚礼中最热闹的一天,相当于古代"六礼"中的亲迎。迎娶的准备工作相当烦琐。

首先新娘要在娘家由全活人负责梳头,俗称"上头"。其发式是将头发盘起,盘头之上留一绺头发横盘在盘头之上,用红头绳系好,叫"髻鬓",取"结发夫妻"之意。盘头上佩戴簪子一个、冠子三个。此时,新娘脚下踩着两条船模,谓之"喜船",一条名曰"麒麟送子",一条名曰"葫芦万代"。喜船与头上戴的冠子合意,取"官代流传"之意。新娘口中要含一糖块,意喻今后的日子越来越甜美。上头后,全活人要用一根头发丝从新娘的额头起自上而下绞掉面部的汗毛,称作"开脸"。新娘梳洗毕,要换上新嫁衣。嫁衣的颜色极为鲜艳,装饰物富丽堂皇,里面一层是大红绸缎衣裤一套,外罩响铃裙(带有小铃铛的裙子)、花衫子。新娘还要戴凤冠,蒙红绸布盖头,脚穿软底红绣鞋。

此时男家请的茶师傅要张罗招待亲朋宾客,厨房的大师傅要预备面条和酒席饭菜,新郎也要沐浴更衣。因结婚有小登科之说,故新郎可穿官服,一般人家多穿长袍马褂,颜色以棕、绛、紫、蓝色为主(民国后多为蓝袍青马褂),脚穿绸布黑靴。上午九十点钟,新郎家要发轿派人接新娘子,花轿等仪仗执事均由杠房的人员负责搬抬。八抬玻璃大轿到新娘家后,将里面套着的小轿放到堂屋门口,早先新娘是由其兄长抱到轿上,后来随着新娘结婚年龄增长,不宜再由其兄长托抱,故新娘脚上要套着一双其兄长的大鞋倒退着走到轿前,把套着的鞋脱下迈进小轿,此两种方法都谓之不沾娘家的土,免得带走娘家的财气和福运。此外,新娘不可在轿中转脸扭身。其手中要拿一小铜镜,途中将小铜镜揣进胸口处,据说可以免受灾祸,去邪避祟。坐八抬大轿出嫁,象征着明媒正娶,初婚的女子都对此格外注重。

花轿抬至男家,名为"进门",先要在大门口停留片刻。此时,新郎家大门紧闭,新娘须连唤三声"妈妈开门"后,男家才将大门打开,迎接新娘,此谓"闭性"。新娘下轿时,鞭炮齐鸣,新郎要将置于喜堂斗中的弓箭拿出,向未揭盖头的新娘虚射三次,目的是为破除邪祟。新娘须从婆家准备的点燃了的火盆上面迈过,此仍是驱邪避灾之意。这时新娘头不揭盖头,脚踏红毡步入洞房,以示新人头不见天日,脚不沾泥污。新娘步入洞房时须由新郎用红绿巾牵引,红绿巾是两块绸布方巾系在一起,男红女绿,象征"红花要用绿叶配",以示男尊女卑。新郎的家人还要向新娘、新郎身上撒高粱、谷子、豆子及金钱、果子等,预祝他们多子多福,丰衣足食。现在已改撒五颜六色的电光纸屑或喷射喷胶彩带。今"迈火"习俗已绝迹。

迎娶的时间,古今有所不同。旧时,讲究上午娶媳妇,下午则是娶寡妇。20世纪20年代以后,改为下午娶媳妇,而寡妇改嫁者才是上午。

迎亲之日共有三个高潮,即拜堂、闹洞房、焐被。

拜堂,也叫拜天地,一般在堂屋举行。喜堂的布置要求吉庆红火,迎面墙上挂有"合和二仙"中堂画轴,两边有吉庆联语,八仙桌上设有双蜡扦燃烧红烛。四周挂满亲朋好友赠送的幛子,幛子通常是由茶师傅按送幛人辈分、亲疏次序排列摆放。幛子上多缀有"天作之合""天成佳偶"等吉祥语。拜堂的时间要由星相士选定良辰进行。

拜堂时,由主婚人唱喜词引导,拜天地、拜祖先、拜父母,然后夫妻对拜。新婚夫妻要共饮交杯酒,以示百年和好,还要同吃子孙饭。新郎的家人,一般是婆婆用一双红漆描金纹饰或刻有龙凤图案的"子孙筷子",夹起"子孙碗"中的小饺子送到新娘口中,用口彩预祝新婚夫妇早生儿女。

此后,新娘要盘坐在炕头子孙灯旁,三天不下炕。这段时间亲友可进洞房"看新人",但洞房外须有专人守把,禁忌的人不许进入洞房,叫"忌人"(忌与新人生肖相反的亲朋)。

晚间,新郎家要大摆宴席,俗称"喝喜酒",特别要招待好娘家人。宴席的第一桌饭菜就要请女方的家人、亲朋先用,新娘的哥哥、弟弟为上客。这桌酒席的最后一道汤,必须由主灶大师傅亲自端上,此时,新娘家的主事人要代表新娘娘家感谢大师傅,同时将装有礼钱的红封子送给大师傅。

闹洞房是迎娶之日第二个高潮。宴席散后,人们纷纷涌入洞房(多以年轻人和小孩为主),称为"逗媳妇"。这是对新郎新娘的新婚祝贺。此时,无论辈分大小,尽情戏闹,皆无禁忌,有"三天无大小""闹喜闹喜,越闹越喜"之说。

待闹洞房的人散去后,婆婆要请全活人为新人铺床温被,俗称"焐被",并将枣、栗子、花生三种食物撒在床边被下,一边撒一边念着喜歌:"一把栗子一把枣,闺女小子到处跑""花生花生花着生,早立子来花着生",以此来祝愿新人早育多生、儿女双全。熰被的习俗就是民俗学中的撒帐习俗。

新娘在进入洞房后三日内不能下炕,而且不许吃婆家的饭菜食物,须由其娘家每天送一桌酒席饭菜。娘家的每一桌酒饭都是按规定安排的,第一天是父母送的叫"随身饭",也叫"头一桌饭";第二天是姑姑送的;第三天则是兄长等同辈人送的。所送的饭菜都十分丰盛,包括十六碟、四大碗、六小碗,俗称"上席"。十六碟又分为四干、四鲜、四荤、四点共16种食品。四干是大扁、核桃、枣、栗子;四鲜是苹果、香蕉、橘子、红果;四荤是腊肠、松花、火腿、海蜇;四点是薄荷饼、萨其马、合子、槽子糕。四大碗是鸡、鸭、鱼、肉。六小碗为鸡、鸭、鱼、肉、蛋及五谷饭菜。主食以捞面为主,取长寿之意。由于新娘三天不下地,所以大都不敢多吃东西和多喝水,以免不方便。为了充饥,只吃些栗子、香蕉、苹果等干鲜果品。婆婆在此期间也要为新娘准备四个苹果,取谐音"四平八稳"之意。

1860年天津开埠后,西方文化传入,封建婚姻礼俗受到冲击。特别是五四运动以后,人们受到各种新思潮的影响,到20世纪20年代,文明结婚渐渐兴起。"文明结婚",采取租用饭店、礼堂举行婚礼并宴请亲朋好友的方法,使结婚的仪礼在一天之内完成。婚礼时,新娘仿西洋结婚方式穿白色拖地婚礼服,新郎着燕尾服。一对新人在主婚人主持下向父母、亲友行礼,最后互换戒指。当宴请结束以后,新娘坐上饰有鲜花的彩车(最初是西洋马车,后改用汽车),到新婚住地,车前有雇佣的乐队演奏"结婚进行曲",天津人俗称其为"洋鼓洋号"。

20世纪50年代,在中国流传千百年的传统婚礼形式在城市基本绝迹,其中部分习俗,如拜堂、闹洞房、三天不分大小等被保存下来。

20世纪五六十年代,迎娶之日既朴素又简单。常常是新郎骑自行车到新娘家接新娘,或由新娘家人陪新娘乘坐公共汽车前往新郎家,新郎、新娘的服饰基本上是同时代的服装样式,最多新娘的装扮在颜色上鲜亮一些。

"文化大革命"期间,基本上不搞大的结婚典礼,最普通的是在单位举行一个简单的仪式,有的新郎、新娘在公园或百货商场转一圈就算举办婚礼了。家人在一起吃顿捞面,亲朋来宾喝杯茶、吃块糖、抽支烟就算招待过了。

20世纪70年代末,迎娶的仪礼又开始向繁缛发展。下午两点左右接新娘,新郎家要派出一位能说会道的中年妇女(一般由全活人负责),陪同新郎的妹妹、姐姐或嫂子(以单数为吉),三五人均可,前往新娘家接新娘。一般家庭都租用出租彩车,车子的数量根据自己家庭的经济状况和社交能力来决定。接新娘的人要将新娘婚礼的穿戴从里到外,连同鞋袜、首饰等一并用红布包上,内放四个苹果和一束绢花(后也有用鲜花)带到新娘家。全活人还要带一些糖果、烟等送给新娘的家人。新娘的姐妹们帮新娘梳洗更衣,装扮完毕,新娘的家人要派人(以双数为吉)陪同新娘前往夫家,但父母不同去,还有"姑不接、姨不送"的说法。新娘的服装以红色为主,头上要戴凤型绒绢花,这种装束一般要持续一个月左右。

20世纪90年代,迎娶新娘多用汽车,新娘的装束在一日之内要更换几次。开始穿白色婚纱,然后再更换粉红色、大红色或其他样式的裙装,没有固定的要求,依各自意愿选择,婚纱多到专门商店租用。新郎一般着西装,打领带,穿皮鞋。大多家庭在迎娶之日租用宾馆、饭店或歌舞厅举行结婚典礼仪式,由司仪引导新婚夫妇拜父母、亲友、夫妻互拜等,然后在饭店宴请宾朋。这一天,双方的家长和亲戚几乎都到,两亲家同桌共餐,省去了旧时的认亲仪式。宴席散后,常常要随新郎、新娘回新房热闹一番,即旧时的闹洞房。还有的家庭在晚间租用歌舞厅举办舞会和卡拉 OK 演唱,使婚礼别有特色。

六、认亲

认亲仪式是婚姻礼俗中比较隆重的一项内容, 一般在婚礼的第三日进行。新郎家要大摆宴席,宴请新娘的父母及直系亲属,以庆贺两家联姻。

认亲仪式前,新娘家人要做好准备工作。在婚礼第二天,要派一个 10 岁左右的男童(一般是新娘的弟弟或侄子),陪一全活人(多为女家的女仆)到新郎家送香油(后演变为梳头油),目的是想了解男家的接待情况和新郎、新娘的生活情况。全活人要仔细向新娘打听新婚初夜的情况。新娘如已破身,则可向男方家长商量回门事宜和亲家及亲友之间的认亲仪式, 否则不可回门和认亲。新郎家对送油人要以贵宾相待,因为新娘的娘家要根据送油人介绍的情况,来决定是否到男方家举行认亲仪式。

新娘在第三天的下午就可以下炕梳洗打扮, 然后身着盛装为全家及亲戚家的长辈行叩拜礼,并接受晚辈叩贺。这时,长辈们要给新娘见面礼,新娘也要给晚辈见面礼,全部活动被称为"分大小"。之后,新娘要恭候自己娘家人的到来。认亲时,先由新郎向新娘介绍自己家的亲戚,一般是认长辈,这时,长辈要给新娘见面礼,也叫"改口钱"。之后再由新娘向新郎介绍娘家亲戚,娘家人也给新郎"改口钱"。认亲时,新娘家还要携带许多礼品。

七、回门

回门,是婚礼中的最后一项仪礼,是新郎和新娘到新娘娘家叩拜的一种活动,古今差异很大。旧时回门的时间不固定,根据婚后的时间计算,称为"回四""回六""回八""回九"。最初的回门时间是根据自己的意愿和新婚初夜情况而定,有"毛女不许进家"之说。

回门时,一般在早晨由新娘的娘家派人和车、轿等先将新娘接回,上车、轿前,新娘要向公婆叩拜,新郎暂不同往。这一天规定新娘和新郎不许在娘家碰面,既不能同去,也不能同归。新郎去的时间一般是下午四五点钟左右,而且要在接到新娘家的三道请帖之后方可动身。新娘的娘家于午饭后便开始给新郎送请帖,俗称"行帖"。行帖共三道,分三次送达。第一道写"谨詹某日,洁治春觞,恭迎鸾驾"。第二道写"谨詹本日,洁治春觞,恭迓文轩"。第三道写"恭请速光"。新女婿收到第三道行帖时才开始携带礼物动身到丈人家。俗语有"速帖来到,姑爷上轿"。

新娘要在下午三四点钟离开娘家,娘家兄弟用轿、车将其送回婆家,绝不允许在日落以后到家,按迷信说法,日落后回家会使婆婆瞎眼。

新郎来到新娘家后,要拜见父、母和其他亲眷,由新娘姐夫、兄弟等陪同,招待酒饭,方可回家,天津俗谓"老姑爷陪新姑爷"。

回门结束,整个婚礼亦即结束,夫妻便开始正常的家庭生活。

此外,婚后的三个月中,娘家还可以接回新娘小住三次,俗称"归宁"。第一个月住 10 天,第二个月住 9 天,第三个月住 8 天,有"先十后九,不挣自有;先九后八,不挣自发"之说。再以后,则随婆家和娘家的意愿,商量进行。

现今回门讲究"回四",新婚夫妇结伴而去,结伴而归,没有太多的禁忌,一般到晚上才回家。

八、特殊婚姻

在旧时的婚姻礼俗中，还有一些特殊的婚姻形式。如续弦、纳妾、招赘、冥婚、指腹婚、娃娃婚、再醮、冲喜等。

续弦是丧偶男子再娶的一种婚姻形式，也称"填房"，其婚俗多采用初婚的礼仪。

纳妾是一种重婚形式，俗称"讨小老婆"。旧时有的大户人家存在纳妾现象，有的可纳妾三五人或更多。中华人民共和国成立后，纳妾作为一种陋俗被取缔。

招赘俗称"倒插门"，或称"招养老女婿"，是一种男方到女家的从妻居的婚姻形式。一般情况是女方家没有儿子，以招赘女婿入门来继承家产、传延子嗣、养老送终。招赘的婚礼与一般婚礼基本相同，只是一切仪式都在女家举办。旧时，赘婿常受歧视，在家庭和社会中的地位低下。中华人民共和国成立后，入赘这种婚姻形式得到社会的认可，法律也给予了相应的保护。

冥婚亦称"结鬼亲"，是一种为死人缔结婚事的婚姻形式。一般家庭，若有未婚男子亡故，多为其寻找新近死亡的未婚女子，结为鬼亲。目的是此后男家便可为其过继一子，继承家业，奉祀灵位。冥婚须双方家长议定，有一定的婚姻形式，正式缔结姻亲。举行婚礼时，男方用轿和棺去迎女尸，抬牌位。由男家晚辈儿童抱牌位行结婚礼，然后将女棺合葬于男子墓内。有的婚礼在墓地举行，用幡交拜成礼。结为冥婚后，双方家庭亲戚往来如正常婚姻。有些父母疼爱孩子童龄夭亡也给他们举办冥婚，这种陋俗现已绝迹。

指腹婚又称"胎婚"，是由父母在孩子未出生之前包办的婚姻，是封建时代兴起的一种包办婚姻形式。一般是两家女主人同期有孕，遂指腹相约，出生后如是一男一女，便做儿女亲家；若生下的同是男孩或女孩，则结为兄弟或姊妹。目的是保证两家门第规格对等关系的延续，是一种畸形的婚姻。

娃娃亲也是由父母在孩子刚出生或尚幼时定下的婚事。一般情况是两家关系极为密切，或是两家利益荣损一致。这一陋俗在天津已绝迹。

再醮是丧夫后女子再嫁的一种婚姻形式，天津俗称"走道儿""再走一步""改嫁""二婚头"等。这种婚姻婚礼极为简单，旧时是在傍晚时用蓝色或黑色花轿娶进门,新娘一般不穿太鲜艳的服装。这种婚姻往往受人歧视,女方大多是因贫困难于守寡。现代婚姻不再歧视寡妇再嫁,法律上也有相应的保障措施。

冲喜是一种以成婚方式为男方或其长辈祈福去病的婚姻形式。一般情况是男方或其父、母久病不愈或病入膏肓,家人为冲走其灾祸,匆匆为已订婚或临时订婚的男孩成婚,这种草率婚姻往往造成许多生活悲剧。这种婚姻形式久已绝迹。

天津的婚姻礼俗是随着人们的经济生活、社会地位、文化程度等方面的不断提高和变化而发展变化的。尽管一些旧的婚俗习尚至今仍在一些家庭中残留,但人们一般对此已不再像旧时那么热衷和墨守成规,对一些习俗的遵循或模仿只不过是为了图个吉利,并以此增添婚礼的喜庆气氛。

近几年来,旅游结婚、集体结婚等新型的结婚形式逐渐被居民接受,使天津的婚姻礼俗不断走上文明、健康之路。

第三节　寿　礼

寿礼是每当生日时举行的人生仪礼,终生要重复多次。在天津民间举行寿礼大多只限于老人和小孩,给老人举行寿诞礼称"做寿",为小孩举行寿诞礼称"过生日",到后来,老人做寿亦有称"过生日"的。一般认为青年人不宜过生日,有折寿之意,故当小孩周岁生日过后,越大过生日的规模就越小,十七八岁就基本不过了。到四五十岁时才正式做寿,以此祝福长寿。许多老人视寿礼如生命,子孙们也将寿礼作为尽孝的方式,竭力大操大办。

20世纪30年代前,天津民间大户人家为老人办的寿礼要办三天,谓之煖寿、庆寿、谢寿。第一天的煖寿不邀请外人参加,是家里人为庆寿和谢寿做准备工作。首先要布置寿堂,寿堂大都设在堂屋,迎面挂有寿星图案的中堂画轴,两边置对子,内容多为"福如东海长流水、寿比南山不老松"等联语。此外还要摆寿烛、挂寿幛,张灯结彩,布置一新。家人要置办后两日宴席所需的食物、酒菜,联系戏班子等。这一天,家人要吃饺子,谓之"催生"。庆寿这天,做寿之人被称为"寿星佬儿"，要穿戴一新，端坐在寿堂正中的上座，接受儿孙等小辈家人的贺拜，儿孙家人要依辈分次序磕头行礼。然后，亲朋好友们随来随拜。这一天中午必吃捞面，煮面条时不可以将面条揪断，取"长寿"面之意。这顿捞面即要炒上4种或8种荤菜肴，并备多种菜码，打卤拌面佐餐。晚间的饭菜多为鸡、鸭、鱼、肉、海鲜和稻米饭，最后上汤。亲友多的大户人家，要摆几十桌宴席，饭后，请来的戏班子要在庭院中或戏台上唱堂会。第三天的谢寿，是主家为感谢众亲友和寿事操办者而举行的酬谢礼。

旧时，天津的每个家庭几乎都有皇历，人们将自己亲友的寿诞日记在上面，由家庭主妇负责提醒，为其准备寿礼，包括寿桃、寿面、寿烛、寿屏、寿幛、寿画、寿联、万年伞等。寿桃和寿面上面常贴有红剪纸，图案多为"五福捧寿""松鹤同春""麻姑献寿""老寿星"或"寿"字。

为孩子过生日，除孩子周岁生日时要大摆宴席宴请亲朋好友外，以后的生日基本上以孩子的奶奶、姥姥家亲友为主，贺礼多为衣服、玩具等。有"姑姑的鞋，姨姨的袜，姥姥的兜肚，舅母的裤"的说法，还有的亲友送孩子银盾、压胜钱等避邪趋吉的物件。家人在其生日的前一天必得吃饺子，生日当天吃长寿面。20世纪50年代以后，寿礼逐渐趋于简化，孩子基本不再过生日，生日当天做母亲的多为自己的儿女煮几个鸡蛋，有条件的人家按照寿礼食俗象征性过一下。为老人做寿也只是自家近亲友聚在一起，按食俗吃。唱堂会及大办三天的形式不复存在。

随着人民生活水平的不断提高，寿礼重被重视，特别是独生子女过生日时，大人们不但要为其添置新衣服、新玩具，而且还要带其到公园、游戏厅、游乐场等娱乐场所玩耍，有的家庭还在饭店摆上酒席为孩子过生日。许多餐厅都有为孩子祝寿的特别业务，提供专门的房间和食物及娱乐项目。

第四节　丧　礼

丧葬礼俗，古称"凶礼"，是人生仪礼中的最后一件大事。

旧时天津的丧葬礼俗植根于古代灵魂不灭的观念，认为人死后要到阴间世界去生活，因而希望已亡故的亲人在另一个世界得到幸福与安宁，并且保佑家人兴旺发达，为此尽可能地对治丧和送葬大操大办，事死如事生，讲求排场，民间俗称办"白事"。丧葬礼俗仪规繁缛，贫富差异明显。

一、坟地

土葬首先需要的是坟地。旧时天津的汉民族多采用土葬，城市一般人家都有自己的祖坟，即私人墓地。坟地的选择是由阴阳先生根据阴阳五行择定"风水宝地"，俗称"相阴宅"。民间普遍认为亡者以"入土为安"。赤贫之家无力购地，死后多葬于荒郊，津俗称为"乱葬岗子"。

坟地的购置视家族财力而定，有一块地、二块地、三块地之分。

埋葬的排列方法有二：一是一字葬，二是人字葬。一字葬即平面拉开，中间为家族之长即老大，左右分单双依次为老二、老三、老四、老五等，晚辈则排在第二行，次第如第一行。人字葬为金字塔形排列，第一排正中为族长，余者左右排列如一字，晚辈亦排在下一层，以辈分下推。

坟地设有四至，有一门。门的设置须由阴阳先生择定，两侧立有石柱。坟茔中一般多植松柏等长青树木，富有之家多在当地雇佣守坟人。

二、停尸

人死后，家人要办的第一件事就是到娘娘宫或就近请茶楼、杠房师傅。茶师傅是专门帮助人们料理红白喜事的人，也称"茶房"。旧时娘娘宫内有一殿，叫"茶房"。"茶房"内有几个负责人，各自带几个徒弟，人称"茶师傅"。这些人专司并包揽市内居民的红白事，按城区划分若干片，分别负责各片的红白事。接到死者家属送来的信儿，就根据地域分工通知杠房、棚铺、租赁店、扎彩作坊等相关行业为死者准备治丧用具，并进驻死者家帮助料理丧事，直至下葬为止。

茶师傅进入死者家的第一件事是为死者"换装裹"，即为死人换上寿衣。这时，要先用酒精或清水为死者沐浴，擦拭身体、绞脸、梳头（男性要剃头，只剃前不剃后，俗称"留后"）、修整遗容，最后换上寿衣。

寿衣的面料多为丝绸和棉布,色泽华贵艳丽,做工精细,缀有手绣的寿字、出字、牡丹、龙凤等图案。凡外面套的袍、裙、霞帔、靴、鞋等寿衣须到专门的寿衣店买,里面套的衣服则自家缝制。

寿衣讲究在生前制作,人过50岁就可准备寿衣的布料,年过70便可预做寿衣。无论何时亡故,寿衣都须是棉的,且以穿单数为吉。制作寿衣有许多"妈妈例儿",针线不能打结,以免死者在阴间结疙瘩,不能在寿衣上钉扣子,死者不能穿单褂,而且换装裹时必须把领子撕开一个小口,因为这些都带有"子"字,像褂子、扣子、领子等都谐音将儿子、孙子"挂走""扣住""领走",因而成为丧事中的忌讳。若生前没备好寿衣,儿女们则要临时赶制,眼泪不能落在寿衣上,否则,死者将不安宁。

换好装裹后,要请画师为死者追影(画像),以备布置灵堂使用。杠房的人抬来"床板儿",即灵床,将死者安置在床板儿停灵。停灵讲究铺金盖银,即在床板儿上铺黄色绸布,死者身上则盖白色绸布。死者停灵要头对屋门,并要在头前设一小桌,点上灯盏,摆上供品。其中必有一碗盛满的饭菜,放一双筷子,谓之"倒头饭"。此时,家人要将停尸屋内所有的玻璃镜子用白布或白纸遮盖严,直至死者下葬后方可揭开。

有的人家讲究寿终正寝。凡正常死亡的老人,尽量避免在病床上咽最后一口气,因此,当病人生命垂危之际,家人就请茶师傅或儿女亲自为其沐浴更衣,然后将其移到事先备好的"床板儿"上,在孝男孝女的守护下度过弥留的时刻,天津俗称"捯气儿"。停尸期间最忌猫,倘家中养猫,在此期间需妥善管理,绝不可使之靠近死尸,以防"诈尸"。

现代丧礼,因茶师傅这一职业的取缔,停尸一般由自家人或请亲戚朋友帮助办理。停尸还限于死于家中者,否则尸体多放于医院停尸房或殡仪馆,因此,无须举行停尸仪礼。

三、报丧

死者如为移民,家人请茶师傅的同时,要派人携供品、黄钱等到土地庙或城隍庙"报庙",为土地爷、城隍爷烧香、送浆水,俗称"送财送水",意谓给亡故的亲人在阴曹上了户口。天津土著之家则无此习俗。尸体安放停当,家属要进行两方面的报丧仪式,一是在宅院门口贴"门报""铭旌",悬挂"楮钱纸";二是由孝子执"六子"(报丧帖子)到亲友家报丧。

"门报儿"相当于告示,白纸黑字,贴于宅院门口(男左女右),上写有"恕报不周"或"恕不遍讣"4个大字,右下为"X氏之丧"4个小字。门报书写极讲究,也有许多"妈妈例儿"。旧时使用繁体字,丧字本作"喪",在写门报时不能写两个口,要写作"喪";后来又对"恕"和"周"两个字有了限制,即字中"口"都以"X"或"△"代替。这些禁忌都表示家里走一"口"人了,别再带走其他人。

"铭旌"也叫"殃榜",为天津土语,常贴在门报儿旁边,一般用长幅布帛书写,也有的写在木牌上立于影壁前。木牌有木架,底部有座,牌子约为宽80厘米、高160厘米,长方形,两边为云字头。铭旌上写有死者姓名、官职及生卒年月日,多由阴阳先生撰写。

"楮钱纸"是一种用白纸剪扎成的长条穗状纸钱,悬挂在门报儿下。根据死者年龄,一年一条纸钱,成殓完毕必须烧掉。

门报儿、铭旌、楮钱纸的贴摆以出家门男左女右为标准。

死者的长子或次子要到专门的刻字店去印刷报丧帖,天津俗称"六子",其内容与铭旌相同。孝子们要手执"六子",披麻戴孝到亲友家登门报丧。现代丧礼仍采用贴门报、悬挂楮钱纸为报丧方式,但铭旌、报丧帖已取消。

四、缝孝衣

"缝孝衣"也叫"扯孝衣",是为死者家眷缝制的衣服。旧时的孝衣多由亲邻中的全活人帮助缝制。

孝衣的缝制,缝头在外,不包边不钉扣子,以宽大为主。如果父母双亡,要用双线缝制,带子也得要齐头;若只一方亡故,则要缝单线,带子须长短不齐。梁冠(帽子)上的麻有单、双棵之分,男绕左、女绕右,若父母双亡则要用两棵麻缠绕。孝鞋是在普通鞋上罩上本白布,后跟缝红布条,俗称"封鞋",也称"孝子鞋"。

旧时天津的丧服,按传统的五服制实行(即斩衰、齐衰、大功、小功、缌麻),死者的家眷必须按辈分和亲疏关系着孝。一般从梁冠、麻冠和麻编腰带

(多在租赁铺租赁)上辨别亲疏关系,此外从孝服的颜色和披麻的粗细也可分辨亲疏关系。嫡亲孝男孝女的孝服为本白色,女婿的孝服为漂白色;孙子辈的要在孝服上戴红绒球缨,孙子、孙女戴在正中,而外孙则依亡者性别,男左女右,戴在偏侧,俗称"歪缨儿",以区分关系。

五、选材

选材也叫"看材",是为亡者筹备棺材。旧时天津各处均有专门的材厂,既出售木料,也出售现成棺材。一般由孝子亲自到材厂选材拢制棺木。棺木大都用十三块圆形柏木组成,故称为"十三圆"。孝子看好材后,由材厂负责运到事主家,并负责制棺,故津门又称为"拢材"或"磕材"。这是人死后交叉急办的几件大事之一,须很快拢成。

棺材的里部要用"泥子"将缝隙填严实,要用血料、毛头纸糊两三层,其效果如同漆好的一样不漏水、不透气,然后再挂上红绸或红布里儿。棺材的外部要用大漆油两至五道,四周还要描上寿字图案的金边。材头前面处要写包括衔名(或科考名)姓名、排行等所谓"材头字"。

棺木被认为是死者在阴间的住宅,有的人还把棺木看作是寿和财的象征,将它喻为寿材,所以在生前就准备好,作为吉祥物来为自己增寿,特别是60岁以后每年都请漆作坊的人为棺木重油一遍。

六、搭灵棚

灵棚是在死者家庭院内,用杉篙、苇席临时搭的棚子,四周用黑布、白布做的花球装饰,两侧供挂挽幛、挽联。由棚铺派专人负责搭建,至死者下葬时方可拆除。

七、扎彩

扎彩是一种用纸和竹劈子扎制的随葬品,从事这一手工艺的作坊被称作"扎彩作坊"。旧时天津的扎彩作坊很多,可根据需要扎制各种造型的扎彩,其中包括马、牛、车、轿、箱、柜、金山、银山、童男、童女、开路鬼等。

当死者家人备材时,扎彩作坊就要根据茶师傅通报的死者情况,为其扎制所需的扎彩。死者若为男,必定得扎车、马,说是供男人在阴间乘坐;若死者为女,扎牛和轿,特别是牛,对女人有特殊意义。在封建时代,男尊女卑,认为女人污秽,当女人死去,一定得有纸牛陪同,让牛在阴间喝掉女人一生用的脏水,免得再到阴间受罪,能起到赎罪作用。至于箱、柜、金山银山、童男、童女、开路鬼等,扎彩时都不可缺。

扎彩的行当在 20 世纪 50 年代后曾一度消亡,20 世纪 80 年代后, 这种风俗又悄然复归。扎彩的造型除仿传统外,又出现很多现代化用品的扎制,如彩色电视机、电冰箱洗衣机、录音机、组合家具、沙发、汽车等。

八、成殓

成殓也称"入殓",是将死者抬入棺木的仪式,一般在人死后第二或三日举行。届时,死者的亲朋好友、侄男女都要前来与死者见最后一面。

入殓前首先要请阴阳先生看风水和棺材摆放的位置、方向,推算出入殓时辰。然后,由茶师傅根据家属意见向亲朋好友下帖子。参加入殓仪式一般不送礼,讲究送"纸盘"(一种包装考究的香和烧纸捆扎组成的祭品)。

棺材和死者面容在入殓前都要再度装饰和修整,常由茶师傅负责。首先将七彩绸铺在棺材底部,放好头枕、脚枕,绸上按一定位置放七枚铜钱,谓之"七星板"。由阴阳先生为死者用清水或酒精擦拭眼睛、鼻子、嘴和耳朵,即"开光"。之后,阴阳先生还要用一面小镜子为死者照一照,再将镜子摔碎,表示死者在阴间可以眼光明亮、吃八方、听八方、闻八方。

入殓时,讲究"长子抱头、长媳抱脚,次子、女儿抱腰"。当死者被抬入棺材后,阴阳先生要用一条在寺庙里开过光的绸带量一量死者是否躺平,位置正不正。富有之家,还要给死者口中放一颗珍珠,平民百姓则多放一红纸包,一小撮茶叶,认为这样死尸不易腐烂。死者的双手也不能空着,一般右手握棍(或筷子、麸子),左手拿一烧饼。据说人死后有三魂,一魂守尸骨,一魂投胎转生,一魂奔赴西天。而西天路途遥远,又有恶狗拦路,一旦遇有恶狗,便可用棍子打,同时把烧饼扔掉喂狗,以便脱身。

入殓时，所有亲人的眼泪都不得掉入棺内，否则被认为对死者的不敬，而且不利于死者奔赴黄泉。盖棺前，子女们可将盖在死者身上的白绸布头前的约一尺布撕下保存，据说这样可以为儿孙们增寿。

入殓的仪式由阴阳先生主持。

盖棺时要先盖"子盖"，即第一层盖。四周用毛头纸、血料(猪血)封严，实际是一层薄板，里面糊有红布，外面无须油漆，上盖五彩绸以图吉利，有的外面糊黑绸，书写亡人姓名、生卒年月，谓之"铭旌"。"材头字"与此铭旌皆于入殓后油漆棺材最后两道时书写，字为白色，扁宋体。然后再盖大盖。大盖与棺材之间用材头钉销上，上飘五彩绸，材头钉是木质的销子，因棺材不能用铁钉子，故采用木销。材头钉一般在起灵前都是虚着塞上，目的是等奔丧未到的亲属来时能与死者见上一面。盖棺后，入殓的仪式就基本结束。现代丧礼，因土葬的废除，也就不存在成殓这一礼俗了。

九、接三

接三是为死者举行的招魂仪式，于死后第三天晚间举行。旧时的迷信说法，人死三日，已登"望乡台"上望乡，由僧、道诵经超度。

十、烧七

在死者倒头后直至入殓前，家人要每日早、午、晚三次烧纸，以后则以七日为一期(七)，按七诵经超度亡灵，焚化纸钱，满期为十"七"。烧七时，闺女要"送箱子""烧包子"。箱子即扎彩，包子是用白纸叠成方形，用剪子铰成连缀不断的纸串。死者有几个闺女烧几个包子，而且每"七"每人都要增加一个。

逢"七"时，家人要请僧道诵经，超度亡灵。大户人家还讲究和尚经、道士经、尼姑经、喇嘛经、师傅经交叉进行，每"七"一道经，分早、午、晚轮流喥诵。每道经由谁花钱赠予亡灵亦有规定。一般头"七"的经由已出嫁的闺女送，俗称"姑奶奶送"，以后几"七"，依次为其子女、亲家友人等送。

十一、吊唁

天津土语称作"吊孝"。一般同辈鞠躬 4 次,晚辈跪拜 4 次,然后哭灵。孝子们要在灵旁跪叩陪祭,女性陪哭。最后,要跪拜来吊者,谓之"谢孝"。

吊孝中最隆重的是出殡前一天的开吊仪式。开吊前,要请阴阳先生测算出开吊时辰,然后由茶师傅与主家共同商量发放帖子的数量。这种帖子俗称"大帖",宽 2.3 尺,长 1.5—1.6 尺,折成中折,字形为扁宋字竖写,灰纸黑字。亲朋好友要据此在开吊前来死者家送礼。礼多为蓝色丝绸,并缀一白纸黑字条幅或幛光子(由专门店铺印好,只须填丧主及送幛人姓名即可),上写"X X千古""X X安息""一拜永别""驾赴瑶池"等套语。开吊前要装点灵棚,将亲友所赠幛子逐一排列悬挂。在老天津卫,看死家地位、势力,灵棚悬挂幛子是标志之一。还有一个标志,即"晾杠"。晾杠是将租赁来的棺轿和仪仗执事在出殡前一天摆放在宅院门口,供亲朋邻里检阅。轿帷和仪仗执事有蓝色、绿色、红色之分。大部分使用绿色,也有说绿色多为男用;红色则必须是 80 岁以上老人才用,俗称"老喜丧",棺罩、大杠也都是红色。若死者属于"老喜丧",其孙男弟女不能哭,女人要戴红喜字绒花,家中还要吃喜面,至今还能看到这种遗风。此外,富有之家讲究出殡使用新轿帷,称"头水货"。

移棺行路是开吊的最后一项仪式。移棺由阴阳先生择定时辰,届时将棺木稍微挪动一下,以此证明死者已走上赴阴间的路了。家人要再次为其送路,并行三叩五拜礼,僧道诵经吹奏,焚烧纸钱。送路这种祭奠形式,20 世纪 90 年代在一些家庭中仍然存在,只是形式较简单,时间上有所变化。一般是在火化前一天晚上 12 点左右,家人一同到街头十字路口处焚烧纸钱,痛哭一场,然后绕路返回,不得走回头路。

十二、出殡

出殡是丧俗中的大礼,也称"发引",在老天津卫人眼里,把出殡的隆重与否不仅看成是死者的哀荣,也看作是生者的显赫。出殡前一天夜里,全家守灵不睡，亲朋也有伴宿的。从停灵到出殡的时间各家不同，一般依财力而定。最长的停灵"七七"49天后下葬；贫穷市民人家，入殓后停放3至7天就择日，清晨抬往坟地下葬，叫"起五更抬"。

出殡时间有早、晚两种。早殡在上午10点以前，晚殡则在10点以后，要摆酒席、招待亲朋。出殡时间由阴阳先生择定，有的在出殡前一小时进行武官祭门、文官点主的仪式。

起灵前，死者家人要用扫帚、细布等轻扫、轻拭棺材，谓之"扫材土"，这时茶师傅要让全家人高喊"留财"，取谐音之吉。

起灵时要放鞭炮，死者次子要将架在材下的凳子踹翻，长子用哭丧棒将事先备好的一小陶碟击碎，名曰"摔牢盆"。留在家里的亲友，要守候死者灵位，并把贴在宅门口的门报等撕下。

出殡时抬棺的人是在杠房雇佣的，棺木上绑有大旗杆，外罩棺罩，由32人或64人抬行。64人者称六十四杠。仪仗多是白地蓝黑图案，杠夫穿绿地白圆点衣服，戴绿色高帽。两个开路鬼，开路鬼即模拟地狱中神态怪异的鬼形扎彩，杠房的人负责抬着。长子扛魂幡引导，次子等孝男、孙辈持哭丧棒依次排列，然后是棺轿。女眷们则要坐在棺后的车轿上，一路号啕大哭。这时长媳要抱定一陶罐，内放高粱，下葬时由孝男放置材头前。若长子先其父亡故，长孙（津俗谓之"承重孙"）则要顶替其父扛幡引导于前，其叔父辈排列其后，抱罐者也得是长孙媳妇。最后面是僧、道、尼嗒经队伍，一组称为"一棚"，棚越多越隆重。

殡仪队伍路过城门或桥梁时要撒纸钱，谓之"撒路钱"。殡仪队伍在中途有的还举行隆重的路祭。走出城区就将各种仪仗、执事、棚经以及女眷打发回去，也叫"落葳儿"。棺材或装车拉着或抬着至坟地，直系孝男则必须随至茔地，俗称"送葬下洼"。

下葬方式有两种，一种是挖穴深埋，填土后堆成坟头，叫下葬。另一种是棺木半埋地下，上面四周扎苇把，外面随形培土，叫"浮盾"，这种方式只限于一些客死天津者，为便于以后迁回原籍，所以棺材大都较薄、较轻，材头探出很短，称为"行材"。

下葬后，要在坟前立一长方形石质墓碑，碑文男女有别，若死者为父亲则写"先考×××府君之墓"或"先严×××府君之墓"；若死者为母亲则写"先姓X门X氏太夫人之墓"。

下葬后,要在坟前将纸钱、扎彩一并焚烧,每人都要咬一口随身带来的小馒头,再吐到坟穴内。一个时辰后,就可离开坟地回家。这时须将所穿孝服撕开一个口子,意为"活口",以取吉利。进家门时要迈火盆、跨板凳,并要口含块冰糖,以防止把晦气鬼魂带回家中。进家门后,大家还要争相抢吃小馒头和在坟前供过的供品,认为吃供果可长寿。这时人们将白孝服脱下,换上灰色的,晚间还要在灵位前上香、添祭品。

十三、圆坟

圆坟是一种祭奠形式,在葬后三日举行,家属都要到坟前行圆坟礼,为坟培土。还要烧纸钱、上供品,由一女童,身穿红衣,绕坟正转三圈,反转三圈,谓之"开门"。

圆坟后,丧礼基本结束。只有到死者的祭日和清明节,晚辈才再来坟前祭奠,其他祭祀活动都在家中死者灵位前进行。

此外,孝子在服丧的 100 天之内,不能剃头、刮脸、剪指甲、饮酒、夫妻同房等,家中女眷也要素妆,特别是出殡之前,家中一定不能有孕妇生孩子。

20 世纪 30 年代以后,佩戴黑纱的习俗在旧城居民中开始流行。但这种黑纱的佩戴是在死者下葬以后开始。20 世纪 30 年代末,天津市内出现马拉的四轮灵车,因其能节约大量人力、物力和财力,到 20 世纪 40 年代开始在中等人家流行。有钱有势的大家族仍采用由"六十四杠"的棺轿送葬。

20 世纪 50 年代末期,人民政府改革丧葬陋习,提倡火葬,倡导"厚养薄葬",但时至 20 世纪 70 年代初仍有土葬风俗,属于两种丧葬制度并存时期。孝服的缝制趋于简单化,只需戴孝帽、系孝带。孝鞋也只需简单用白布缝上即可。葬后百日内只要求戴黑纱,妇女在此期间稍忌艳丽服色和浓施脂粉,停尸起灵的时间也缩短到三天,亲友邻里送礼一般送花圈,马、牛、轿、车等扎彩几乎绝迹。从服丧到圆坟,仅一周时间便可结束整个丧礼。

20 世纪 70 年代中期以后,天津彻底废除土葬,除少数民族外,汉民族全部实行火葬。但 20 世纪 80 年代初,旧丧礼有所回潮。1987 年 6 月,天津市制定《殡葬管理暂行办法》。1992 年 6 月,颁布了《天津市殡葬管理办法》,对殡葬依法实施管理,它体现了行政法规对民俗的引导作用。

　　20 世纪 90 年代,随着家族墓地的消亡,国有公墓的不断增加,为火葬后的骨灰存放提供了较好的条件。同时,存放方式也不断更新,种类繁多,有骨灰墙、骨灰亭、骨灰塔、骨灰存放室等,此外还有骨灰植树葬和骨灰墓地葬等。近年兴起的在渤海湾和海河干流的骨灰海葬也逐渐为人们所接受。

第三章　岁时节日民俗

岁时节日民俗是一种内容宽泛、涵盖面较广的社会文化现象。分农时祭祀节日、宗教节日、民族传统节日。民俗活动内容分单一性和综合性两类：单一性指节日活动目的单纯；综合性节日指节日项目的多样化，包含了诸多民俗活动。岁时节日，仍按农历而行，沿用至今。

第一节 打 春

立春,为农历二十四节气之首,中国北方民间将其作为春季之始。历来民间又将其作为节日,称为"打春",是以"鞭打春牛"之意,催农耕作。

一、打春牛

打春牛,本是农民为祈祷丰收年景而举行的祝祷活动,后来传入城市,成为人们祈福祛难并伴有自娱自乐内容的民俗活动。被打的春牛,有纸牛和泥牛之分,是由地方长官或村庄里威望较高的长辈主持派人制作,在立春之日将春牛放置一个空旷场地,率众人绕春牛转三圈进行拜祭。然后用丝绸缠扎的鞭子往牛身上猛打三下,是为"打春牛",寓意春回大地,抓紧耕种。无论是泥牛还是纸牛,都得先用竹子、铁丝、柳条等扎好骨架,或糊泥、或糊纸。若是泥牛,在打春牛时必须将糊在牛身上的泥巴打掉,把骨架同纸牛一并烧掉为止。届时,人们要燃放鞭炮,敲锣打鼓,以此迎接春天的到来。

二、扮春婆

扮春婆,是在立春的前二三日,由一些好事者面涂脂粉,做些忸怩丑态,人戏称其为"春婆"。这些人在市井抢吃抢喝,叫作"春婆抢春"。明代后消逝。

三、扮春官

扮春官,由一些喜热闹之人,通常是请一些光头人来装扮,着纱帽大红官衣,倒骑牛背,进行表演,他们时而被人们拖下牛背,时而将帽甩掉,露出光头,引逗人们发笑。明代后消逝。

四、迎拗芒

迎拗芒，是迎接立春的芒神，拗芒通常也是由真人装扮，其服饰打扮是按每年历法干支，时有改变，有时不戴斗芒，也有时穿芒鞋，或赤一足、赤双足等，用以预示来年的雨水大小、年景如何。

打春之日，天津民间讲究吃春饼，吃油炸春卷。有的家庭要做春柳，即用鸡蛋摊片儿切丝，拌上切成小段的春韭。还讲究吃紫心萝卜，称"咬春"。据说吃萝卜可使人们一年不犯困。

如今，天津民间只保留了饮食上的风俗，打春牛、扮春婆、扮春官、迎拗芒等民俗活动在 20 世纪 20 年代以后陆续消亡。但从杨柳青年画或日常的一些吉祥画中，至今还可以寻觅到这种风俗的踪迹。

第二节　春　节

春节，是中国民间最盛大、最热闹有着古老传统的民族节日。天津民间从一进腊月就开始忙年，为过年做各种准备工作。民间有句俗语："过了腊八就是年。"过年的活动实际上从腊八就已开始，且持续到正月十六，在长达 40 天的时间里都是过年或从事与过年有关的活动。

一、忙年

忙年，首先是准备过年时家人的穿戴。只要力所能及，一家大小都要添置些衣帽鞋袜，生活困难的家庭也尽力给老人和孩子添置穿戴。

接着就是熬"腊八粥"、泡"腊八醋"，腊月十五上全街(街，音 gāi 该)、"二十三灶王爷上天，二十四扫房子，二十五糊窗户，二十六炖大肉，二十七宰公鸡，二十八白面发，二十九贴道西，三十阖家欢乐坐一宿"。

一般家庭在腊八以后，男人们就开始置办年货，不仅要数量丰富，且质量也要从优。尽管有些日用品并不短缺，但购办齐全是为图吉利、求顺当。碟子碗筷之类的添置就是祝愿来年生活富足、添人进口、人丁兴旺。还要给家里的老人、孩子购物。天津有句俗话："闺女要花，小子要炮，老头要毡帽。"

街面上为人们过年预备的各类年货，一般腊月十五即全部上市。在以娘娘宫（天后宫）为中心的宫南、宫北大街，各摊位的年货有：年画、花炮、吊钱儿、窗花、灯笼、脸谱、石榴花、春联、空竹、金鱼等，鳞次栉比，喜气洋洋。街面上的米面庄、海味店、酱菜园、香烛纸店等生意也进入高峰。

腊月二十前后，多数人家开始采买年货。由于不少店员、伙计在腊月二十以后才能从店铺拿到年终的"馈送"，故置办年货较晚。大部分店铺一直要忙到"大年三十"。

二、祭灶

腊月二十三是祭灶日，天津民间谓之"小年"。民间传说灶王爷是玉皇大帝派到人间监视每家行善或作恶的神灵，每年年底上天向玉皇大帝禀报这家人一年来的好坏之事，往返需要 7 日，是日各家都给灶王爷送行。晚间，各家家长主持祭灶，供品为糖瓜、年糕、草料和清水一碗（后两种供品为灶王坐骑食用）。糖瓜和年糕祭灶的目的均是希望灶王爷上天言好事，让糖和年糕粘住灶王嘴，使其少说话或不说话。还有的人家把酒糟抹在灶门上，用来醉灶王，好让他见到玉皇大帝时醉醉昏昏，无话可说。叩祭毕，纸锞将随当年灶王神祃焚化，是谓灶王上天述职，并燃放鞭炮，欢送灶王爷上天。民间规定祭灶时妇女不得参与，女孩子也不得吃祭祀的糖瓜，据说如果吃了就会口圈变黑。

三、扫房子

腊月二十四民间例行扫房子，俗称"扫房子过水"。由于过年是年终的最后一个节日，又是新年即将开始之际，故家家户户要将家中打扫得干干净净，将屋内尘土扫净，家具、门窗、玻璃擦净，餐具过水，要求里里外外一尘不染，以一番新的气象辞旧迎新。翌日就是腊月二十五，人们要用白粉连纸糊窗户,留出新气眼,有的还做卷帘。

四、备年饭

腊月二十六至二十八准备年饭、年菜。家庭主妇要把过年期间吃的鸡、鸭、鱼、肉、腊豆、醋熘白菜及其他菜肴一并做好,荤素尽有,装满家中的大盆小缸。腊月二十八,主妇开始蒸馒头,而且在馒头上要点上红点,以此祝愿家业兴旺。各种馅蒸食、年糕等食品一般要吃到灯节。

五、贴道酉

腊月二十九贴道酉。这一天人们要把春联、福字、窗花、吊钱儿以及室内外的年画全贴上,就连水缸、箱柜都要倒贴上"福"字,以取"福到"之意。还有的人家在院内用芝麻秸粘上用黄纸卷叠成的元宝,攒成一捆,上面散开,谓之"聚宝盆",准备除夕夜踩岁(碎),并借用"芝麻开花节节高"的谚语祝愿家道兴旺。

嗣后,妇女们开始着手打扮自己和孩子,剪发、梳头,有的妇女还要绞脸。

六、大年三十

大年三十(小尽的腊月二十九也称大年三十)是日,上午人们梳洗整齐,换上新衣,由家长供上"增福财神"的神祃、"全神大纸"的神祃和新的值年灶王神,但在晚间正式敬神祃上香前都不许点饭香。中午饭是丰盛的菜肴和稻米饭,晚上是荤馅饺子,取"更新交子"之意。一般家人有外出者,都必须赶回家来吃这顿团圆饭,故民间也称这顿饺子为"团圆饺子"。

晚饭后,家家都要把涮洗完凡空着的锅和面盆等处都放上干咸鱼和带"福喜"字的糕点,以取多福多喜、吉庆有余之意。晚9时后,家长洗手、冠服向神佛、祖先上供上香叩拜,以下家人先男后女依次行礼,此时忌生人。另有一种"妈妈例儿":"出嫁的女儿不能看娘家的灯,不然会死娘家人。"

供品要等过了年才吃。据说,吃供品全家有福,供年糕则象征生活一年比一年好。拜神祭祖后,各处灯烛不熄,香火不断,直到天明。夜12时,为"全神下界"之时,各家要鸣放鞭炮,此时标志着旧岁已去,新年来临,阖家晚辈向长辈贺岁叩头。孩子们三五成群打灯笼、唱儿歌、放鞭炮。女人们则忙着包初一的素饺子,取意"素素净净"。大年三十之夜民间有许多禁忌,不许说不吉利的话,也不许扫地、倒水,怕把财神扫走、倒掉。

大年三十是喜庆之日,但又是个"关口",因为债主按惯例必在年前讨债,若负债人挨过这一天,一般在正月十五内不讨债,故一般商号都派人提着灯笼去催账,天亮后仍不熄灯,继续催讨,有的欠债人无力偿还,则设法避而不见,直到天大亮后,由于已是大年初一,即使双方再见面,也不再提账款之事,所以民间有句俗话"躲过初一,躲不了十五"。中华人民共和国成立后,人民生活普遍提高,政府规定春节放假三天。改革开放以来,节日气氛愈来愈浓。

七、祭紫姑

祭紫姑,是闺中女孩们用绸绢等布头裁制成小衣裤,缝成特殊的"小娃娃",这即为自制的紫姑神像。大年三十,女孩们把紫姑神像供在厕所里或便桶上,到正月十五夜占卜吉凶。紫姑,即坑三姑,民间也俗称"马粪娘"。传说唐朝时有位叫何媚的姑娘,知书能文,初为伶人妇,后被山西寿阳刺史李景强占为妾。李景的大老婆见何媚年轻漂亮,又妒又恨,于正月十五元宵之夜将何媚残害于厕中。但何媚冤魂不散,常在厕中显迹。据说被武则天听到,遂封其为厕神。女孩们祭祀她,并在正月十五之夜请她占卜休咎,预示自己的祸福,同时也叙叙自己悲苦衷情。此系江淮旧俗传入天津,清代中叶后在城区土著中失去传承。

八、登高拜年

正月初一,大都吃素饺子,家人自娱自乐,不外出活动,晚间早睡。后来民间又有在初一早上登高的习俗,以图吉利高升。旧时天津城区多为平房,登高之地主要有铃铛阁、鼓楼等处。到 20 世纪初期,天津民间开始在大年初一拜年,邻里亲朋间互致问候(过年好、恭喜发财)。此种习俗一直延续至今。

九、敬财神

正月初二,民间为"敬财神"日,天微明,家主人盥洗后敬财神。清晨,水夫把一束用红绳捆扎并贴有"真正大金条"纸条的柴火掷到住户、店家院里或立于门前,表示"送财"(谐柴音),寓意对方新年大发财源。水夫还给每家送水一担,在门前要喊"进财进水来了!";接财水的人家要热情接待,一般当时不给钱,待初五后再算账。此外,多数人家在此日要请全活人"开市",全活人进屋后要念吉利语,预祝一年遂愿。从此日起至灯节前后,亲戚朋友仍旧拜年,给小孩压岁钱。"开市"也标志着对女人的禁忌解除。20 世纪 40 至 50 年代以后兴起在初二这天,出嫁的闺女要回娘家,姑爷拜老丈人、丈母娘。若娘家长辈都已过世,出嫁的闺女也可到娘家兄弟家团聚。初二的饮食,中午吃捞面,晚上一般要备酒席款待姑爷。

现今,天津民间有的家庭仍沿袭"敬财神"的习俗,只是送财送水的习俗已不复存在。而初二回娘家则几乎成为定俗。

十、往家转

正月初三,民间仍然是亲友邻里间互访拜年或家居自娱。是日传统食俗是包合子(饺子的一种,扁圆形),而且要供财神。自初一至初三,天津民间传承食俗曰"初一饺子初二面,初三合子往家转(谐赚)"。合子也象征家族团圆美满,发达兴旺。因此除初三吃合子外,民间还在初八、初九吃合子,以取"合子加八越吃越发""合子加九越吃越有"的吉利。还在正月初十吃合子,说是合子拐弯。此俗仍存。

十一、破五

正月初五,俗称"破五",也称"破污"。在天津民间有"送穷土""捏小人"

的习俗。旧日时是日,家家户户在五更天起床,揭开炕席,把炕底的尘土打扫干净,然后剪成一个女人模样的纸影,称"穷娘娘"像,放在尘土上,用簸箕倒在街上,边倒边放鞭炮,以震跑穷气,震跑来寻住处的"穷娘娘",民间称之为"送穷土"。

天津民间通常从初一到初四不用生米面做饭（都吃大年三十前准备好的年饭年菜）,"破五"之日方可解除此禁忌。特别讲究的是"破五"捏小人习俗。初五这天,各家各户都要包饺子,驱邪秽,捏小人。家庭主妇在用刀剁菜或肉馅时,边剁边叨念"剁小人"。包饺子时,还要仔细地捏饺子皮,不露一点缝隙,唯恐煮饺子时发生破口现象。此举称"捏小人嘴",意为将说坏话的小人嘴捏严实,使其不再乱说,这是为自己和家人祈顺求福的一种民俗活动,沿袭至今。

十二、开市

正月初六(亦有的在正月初八),街上各门市商店开业,商店及住家要支付初一以来的各种零碎开销。

第三节 灯 节

正月十五为上元节,又称"元宵节",民间俗称"灯节"。

旧时,天津人过灯节通常由正月十四到十六,历时三天。城厢内外,民宅铺户、通衢张灯结彩,燃放花炮。夜晚,人们走上街头赏灯之余,或品画工,或猜文虎。是日,民间各种花会也多上街表演,有高跷、法鼓、狮子舞等。

正月十五吃汤圆,津地叫"元宵",有糯米(津地叫江米)面和高粱面(津地叫黍米面)两种。糕点店出售的是糯米面的。汤圆的馅品多样,故称"什锦汤圆",制作时用簸箕摇制,煮熟后松软可口。一般家庭自制都是高粱面的,是包糖馅后用手攥成,如今已不再食用。

是日,天津民俗讲究在神像前或屋门荷叶墩上,供前一日蒸好的发面刺猬、老鼠驮元宝面食。摆供品的多为家中年长者，讲究午前摆供的刺猬、老鼠头朝外，午后掉转头朝里，意为把元宝驮回了家。晚饭前煮汤圆要先供神佛、祖先。

是日，天津民间还有舅舅给外甥送灯的习俗，旧时讲究送"鸭子"形的灯，取其谐音"押子"之意，以为外甥祈福；"外甥打灯笼——照舅（谐'旧'）"，也有预祝外甥长命百岁之意。至今此俗不衰，且灯的种类日趋繁多。

正月十五、十六两日，民间还有"走百病"的风俗。特别是正月十六，妇女不仅要回娘家，且大多结伴出游，边赏灯散逛，边以行走除百病。民间认为在"走百病"时，必须越过三条河流，跨过三座桥，还要"摸钉"，以求吉除疾。"摸钉"，即用手触摸桥梁上的铁钉或是庙观门上的门钉。因"钉"与"丁"谐音，而"丁"又象征男子，所以未孕妇女特别虔诚，以求子嗣。

如今，天津民间仍非常重视过"灯节"，只是其中的一些习俗有所简化。

第四节　填仓节

正月二十五日是填仓节，俗称"大填仓"。正月初十是"小填仓"，也叫"食食儿"。填仓节是由农村发展到城市的一个节日。

大填仓是节日的正宗日子。旧时，城厢市民多在正月二十四日晚饭后，用石灰、粉笔或炭灰在院中画一个铜制钱式的圆圈，朝向门外圆圈的下端，再画上一个梯子，然后圆圈当中放上苞米，用砖头压上，谓之"囤"。同时，在住宅屋里的地当中，也照样画上一套，圆圈内放上洋钱，有的放铜子包在剪纸吊钱儿里，用砖头压上，称作"钱囤"，上述这些活动统称"打囤填仓"。居民打钱囤时包铜子所用的剪纸吊钱儿，要用春节时贴过的旧吊钱儿，多采用上有"大发财源""五谷丰登"等吉利语的以寓吉祥。有的人家这天要蒸馒头。蒸时先把揉成形的馒头放置笼屉内，再用手指在每个馒头上抠一个坑儿，叫"天仓"。蒸熟馒头后，揭开笼屉盖，先看小坑里是否有水，如水满满的，就象征年景好，是丰收年；若水不满，就是一般年景；若没有水，就预示着天要大旱，粮食欠缺，人们称这是"干仓"。一般要再蒸一笼屉馒头试一回，以达到心理上的满足。这一天的应节饭是吃稻米饭,熬鱼汤,其意是预卜丰年,粮食归仓。富有之家兼食清蒸咸鲙鱼(即压锅鲙鱼)。有的人家喝杂面汤,吃饽饽头,象征五谷丰登。这些都是应民间吉语"大囤满小囤流"。大多数人家还在正月二十五吃一种民间小吃——豆馅油炸糕,以取个圆圆甜甜的吉利。

二十四日晚间打囤后,家家须早早睡眠,夜间有响动也不得惊扰,说是"老鼠娶亲"。填仓日,妇女皆不可动针线。

如今,每逢填仓节,城市居民中的一些旧式家庭大多用春节用过的旧吊钱儿包一些硬币或整钱,置于床被下。"二十五填仓,米饭熬鱼汤"应节饭食仍在沿袭。

第五节　二月二

天津民间流传农谚:"二月二,龙抬头,大仓满,小仓流。"意指是日龙王露头之日,春雨来临,且从此后,雨水逐渐增多。

是日应节食品是:煎焖子、烙饼、炒鸡蛋和豆芽菜。"焖子"是一种凉粉,切块油煎,再用麻酱、醋、蒜、香油等小料拌着食用。煎焖子即煎死一切害虫。烙饼称为"龙鳞饼",其意为保护龙,坚固龙鳞,使龙鳞完整。吃豆芽菜,表示万物生辉,日后生活美满。晚上还要做面条,叫"龙须面",意为保护龙须不伤。汉族有的人家煮猪头,以待龙醒后来临,给全家人带来幸福。是日禁忌习俗是妇女不准做针线活,以防针扎坏龙眼、扎伤龙身。盛行的习俗是男人剃头,其意取"龙抬头"的吉利。

此外,二月二又为土地神生日,各土地庙均有香火。

如今,天津仍沿袭"龙抬头"的旧习,但多数人家只吃些应节饭食。

第六节　清明节

清明,是二十四节气之一,又称"踏青节"。

清明节前后十天,为天津民间扫墓祭祖日,名为"前十后十"。一般人家都要到郊外祖茔去祭祀,供香烛祭品,除草培坟(也叫添坟)。

是日,民间还有放风筝习俗,白天放,夜间也放。人们把风筝放上天空后,将绳剪断任凭随风而去,据说这样能消灾祛病,带来好运。

清明前后,自古以来,民间就有插柳植树的习俗,更有人把清明叫作"植树节"。1979 年,全国人大常委会规定每年公历 3 月 12 日为植树节。如今,清明节已演化为民间纯祭祀节日。党和政府提倡在清明节期间祭扫烈士墓,缅怀革命先烈,对人民群众进行革命传统教育,今已形成新的习俗。

第七节　天后诞辰日

三月二十三日,是海神天后诞辰日。清中叶前天津开始兴办"娘娘会",历时 5 天。三月十六日"送驾",即将天后神像送到北门西闽粤会馆内天后殿供奉,因天后是福建人,故称此为"回娘家"。十八日"接驾",二十日及二十二日两天"出巡散福"。三月二十三日为正日子,花会云集,香火旺盛。清乾隆皇帝南巡时,路过天津,船泊三岔河口,观看了"娘娘会",甚感兴趣,众多出会者都受到他的赏赐,此后遂将"娘娘会"改称"皇会"。1936 年举办皇会后,一直停办。1988 年开始恢复,但规模大为减小,民间只在农历三月二十三日举办一些庆典活动,到天后宫进香,在院内组织花会表演等。此项活动已由天津民俗博物馆主持举办。

第八节　五月节

五月初一至初五为端午节，又称"端阳节"，天津民间俗称"五月节"，初五为正日。端午节是中国古代使用干支纪年的节日，"端"与"初"意同，故"端午"亦即"初五"，而"五"与"午"相通，同时按地支顺序，正月为寅月，故"五月"为"午月"，所以"初五"又为"端午"。又因"午时"为"阳辰"，所以又称"端阳"。

五月节的应节食品是粽子，粽子原名"角黍"。旧时天津包粽子，家家户户都用白洋淀的芦叶，山东乐陵的红枣，把江米或黄米泡制后，包成尖角锤形，再用五彩线扎捆牢固，放入锅内蒸煮。

天津民间旧俗，五月节时家家门楣上插一缕艾蒿，或把艾蒿剪成虎形，加上形似剑的菖蒲放在一起，名曰"艾虎蒲剑"，以避邪除秽。有的人家贴朱砂神判符篆于门楣，既有黄纸水印的钟馗剑指蝠像，"蝠"谐"福"，寓意"恨福来迟"；亦有挂葫芦、布质葫芦袋（内放雄黄、苍术、芘椒米等物）、贴剪纸"葫芦万代"，民间俗传可避邪毒之气，并可祈福长寿。这一切都在五月初一清晨完毕，初五晚间取下丢弃，使不吉利随之而去。有的人家在墙壁、炕沿、窗户上贴红纸剪的蛇、蝎、壁虎、蜈蚣、蛤蟆等，称之"剪五毒"，以防五毒侵害。在初五早晨醒来还未起床时，妇女们便要手捶床边唱着歌谣："捶、捶、捶炕沿，蝎子蚰蜒不见面；捶、捶、捶炕头，蝎子蜈蚣没有喽；捶、捶、捶炕帮，长虫蜈蚣一扫光；捶、捶、捶炕腰，蝎子蚰蜒往外跑。"四五岁以下小孩儿都要穿黄色五毒衣、五毒鞋，系"老虎裆裤"。这种裆裤是用碎布头缝制成辣子、蒜头、柿子、面粽子、葫芦簸箕、小荷包、小老虎等，连缀一起，最下边用五色线做成穗子，系在衣襟上，佩戴臂上。此外，还要给小孩儿缠长命缕。长命缕是一种五色丝线，或缠于手腕或挂于颈上，传说都可避五毒。还讲究在小孩儿头部、耳孔、臀部抹雄黄酒，都是为避毒虫伤害。民间在这一天还要进行赛龙舟的游艺竞技活动，以此庆祝五月节。清人麟庆在《鸿雪因缘图记》中有《津门竞渡》一文，记当时盛况。此俗清末失去传承。

如今,天津民间过五月节,除吃粽子外,其他习俗多已不再沿用,虽有些民间艺人摆摊卖老虎褡裢,但多是挂于房中做小摆设或给小孩儿当玩意儿。

第九节　八月节

八月十五为中秋节,天津民间俗称"八月节"。旧时是日,天津城乡都有祭月、拜月、赏月和吃月饼的习俗。每年至此,待月亮升高,各家各户便在庭院摆上供桌,供品为月饼、瓜果及手持捣药杵的玉兔像或月亮神祃等。祭月均是妇女叩拜,因月属阴,有的妇女打扮后稍晚时出门,去迎请(买)兔儿爷,拜请兔儿爷神像。旧时津谚有云:"男不拜月,女不祭灶。"

"十二度圆皆好看,其中圆极是中秋。"赏月,也是旧天津极讲究的习俗。一般是各家团聚,围坐中庭,边赏月边吃月饼水果。月饼多是妇女在家自制,亦有到糕点铺购买的,邻里亲朋之间多以送月饼互相祝贺节日。妇女晚间还可着盛装出游,名曰"走月亮"。

祭月、赏月的同时,民间还有一特殊的习俗是"爬月"。就是用纸棉等物捻成灯芯儿,浸油后,下放托物,立系在蟹背上。燃着后,将蟹放于室内或院中,令蟹自由爬行,用来占卜今后的财运。如向里爬,就是有财;如向外爬,就是无财。这种"爬月"习俗,是为赏月助兴,成为一种自娱活动。

至今,八月节的祭月、拜月和爬月等习俗已基本绝迹,而赏月、吃月饼习俗延续至今。

第十节　重阳节

九月初九为重阳节,因九为阳数,而日月并应,故名。旧时,天津民间有重阳登高、赏菊、攒斗等习俗,也有父母接女儿回娘家小聚的习俗,故而民间也称此节为"女儿节"。这天,人们邀集亲朋好友,携酒备肴,登高远眺,甚或引吭高啸。同时吃蜂糕、切糕等带"糕"字的应节小吃，取其步步登高之意。天津属沿海平原地区，城厢四周无山可登。早先，人们多以三岔河口畔的玉皇阁或水月庵、望海寺、望海楼为登高处。此外九九重阳的"攒斗"活动十分隆重。民间除在玉皇阁举办攒斗会外，城南水月庵的攒斗会亦极为兴盛。攒斗，就是在大庙的天王殿前或小庙正殿前，把信士弟子施舍的香摆成塔形香山，谓之斗。这是为庆祝斗姆生日而举行的祭祀活动。各庙一般从九月初一收受供香，每家一封，多则不限（五股为一封），在香封上写有"信士弟子某某敬香几封"及住址。香按敬送先后，依次向上摆成塔形，高可逾丈。初八晚间，将香斗从上部点燃，迎接斗姆降临，道士诵经，顶礼环拜，名之曰"拜斗"。

重阳时节，菊花盛开，故津门久有重阳赏菊、饮菊花酒的习俗。早年亦有佩茱萸以避灾的旧俗。随着年代的推移，很多习俗都已消除或简化。

1989 年 6 月，天津市人大常委会通过决议，将重阳节定为"天津市老人节"。各单位普遍召开老年人座谈会，慰问老年人，为老人做好事，组织登高望远及适合老年人的庆祝活动。

第十一节　腊八节

十二月初八为腊八节，津俗旧称"腊八"。相传此日是佛祖释迦牟尼成道之日，故也叫"成道节"。是日，各佛寺都"做会"，并用米、豆、果实熬粥供佛，叫作"佛粥"，同时也向穷人舍粥。早年天津寺庙极多，善男信女、富贾士绅，每年舍粥之风极盛。一些慈善团体、商户、道门、大户人家多在这一天大量熬粥施舍穷人，叫作"结缘粥"。一般在初七夜间把粥熬好，初八天未亮就在门前摆好桌案，公开施舍，凡要则给，同时连声吆喝"缘儿来！"。舍粥完毕，锅里剩三两碗，连同锅巴、粥黏送一人了事，叫作"包缘儿"。信奉佛教的人，初七晚上要跪于佛龛前边念佛边捻豆，持食于人，叫作"结豆缘"。一般人家，也熬一锅粥，送左邻右舍，称"结缘粥"。熬腊八粥的原料，多达十几种，计有江米、小米、黍米、黄米、红枣、粟子、葡萄干、花生、菱角米、小豆、绿豆、红豆、青丝、桂花、果脯、山楂、桃仁、莲子、桂圆等。一般人家熬腊八粥根据自己的经济能力,原料可多可少。腊八这天,家家户户吃素饺子,泡腊八醋。腊八醋是取腊八的日子,将大蒜剥皮,浸泡在醋里,容器口封严实,待除夕吃饺子时才能打开作为佐料。熬腊八粥、泡腊八醋的习俗沿袭至今。

第十二节 其他节日

一、三月三

三月三,传说为王母娘娘寿辰。旧时,天津城西小稍直口福寿宫曾作"蟠桃会",届时,道士诵经祈福,市内居民多赴会进香,以表达求寿、求子、禳灾等愿望。20世纪40年代,这一风俗逐渐绝迹。

二、浴佛节

四月初八的浴佛节,是纯宗教节日,民间也称作"佛诞节"或"龙华会"。据说是日是如来佛释迦牟尼的诞辰日,因他出生时有九条龙吐水为其浴身,故民间将每年纪念他诞辰的活动日称为浴佛节。届时,城内各大小佛寺举行诵经法会,用各种名香浸水盥洗佛像,并且盛摆名花异草,僧、尼、道聚集寺院参拜,士庶妇女也扶老携幼来寺庙烧香拜佛。

明清以来,天津民间在这天极盛行舍"结缘豆儿"的风俗。"豆"是佛门弟子或善男信女们一天天一句句所念的佛号,一粒粒地积存起来,等到四月初八这天,将豆煮熟,散发给结缘的路人吃,每吃一粒念一声佛号。后来,此风俗在四月初八渐少,多集中在腊月初八作佛事时,与舍腊八粥的活动同时进行。

三、天贶节

六月六日是天贶节。因此节在进伏前，老城厢居民习惯晾晒衣服和书籍，以免发潮。民间有"六月六日晒古镜"的说法。

四、乞巧节

七月初七为乞巧节，是姑娘们向天上织女星乞求巧智的风俗节日，亦是历史久远、唯一以女性角色期望内容为主的节俗活动。

"七夕乞巧祈双星"。旧时，每逢七月七，天津城乡姑娘少妇们都要进行乞巧活动。这天晚间，乞巧者将一碗水放于月下，投针于碗中，视水中针影粗细以卜女之巧拙。针影细呈云龙形者为"巧妇"，针影呈粗糙状或弯曲不成形为"拙妇"。巧妇则意谓天上织女赐给她一根灵巧的绣花针，能绣出绚丽多彩的图案。此外，家中的女孩子们还以五彩线穿九孔针为戏、为赛，斗巧竞胜。20 世纪 30 年代后，此俗在市区绝迹。

五、"鬼节"

七月十五日为"中元节"，天津民间俗称"鬼节"，又叫"盂兰节"。鬼节是天津民间追荐祖先的佛教仪式。这天，家家祭祖供扁食，晚间烧纸箔，也有的人家午后到祖坟地烧纸，傍晚始归，谓之下洼烧纸。更有善男信女请僧道建醮设坛，超度野鬼孤魂，称为"盂兰盛会"。是日，有放荷灯之旧俗。荷灯，纸质荷花形，底部蘸蜡以防水，以蒲纸和油为芯，成圆锥形，点燃后放在河面上，任其随波逐流。据说一切亡灵可以随荷灯超度，脱离苦海，登上极乐世界的彼岸。荷灯由善男信女、亡人的后代施舍捐助，由寺院主持其事。一般人家多以西瓜削制，上端刻有花纹，内燃烛，置于河中，随波上下，漂向远方。无论哪一盏荷灯燃尽或被波浪打翻，都寓意有一个亡灵得到超度，去了极乐世界，从而使生者得到慰藉。有的人家随长辈到寺院做佛事。旧时，天后宫道士也有为信徒在海河边放荷灯之举。

20 世纪 50 年代初期,鬼节旧俗逐渐消失。至 20 世纪 80 年代,这种节日风俗虽有回潮,但也仅存烧纸箔以代追悼亡灵的形式。

六、财神诞

九月十七,据说是财神爷诞辰日。是日,商号和商贾之家皆以香烛果品供奉,悬彩张灯,大放鞭炮。20 世纪 40 年代前,津门曾有"九月十七小除夕"的俗谚。天津解放后,此俗消失。20 世纪 80 年代以来,有回潮之势。

七、送寒衣

十月初一,是为亡故的亲人送寒衣的日子。人们以电光纸裁剪、糊制衣服,加上纸箔、银锭,装入封筒,为祖先记名,在自家门外焚化;也有的人家到坟地焚化,俗称"送寒衣"。是日各家都吃饺子。至今,此俗仍在民间流传。

八、下元节

十月十五日是下元节,为民间祭祀祖先的日子。是日,民间多备下菜肴祭祖先神灵,以保佑一家顺当安康,是家祭中较为重要的节日。此俗已淡化。

第四章 民间信仰民俗

民间信仰民俗具体内容有自然物信仰、动植物
信仰、祖先信仰、民间杂神信仰等。

第一节　自然物信仰

天津民间对自然物的信仰，实际上已经由原始自然信仰演变成对人格化和神化的偶像神灵崇拜。

一、天地崇拜

天津民间对天、地的崇拜体现在诸多的习俗中。在婚姻礼俗中，新婚夫妇结为百年之好时，要先拜天地；私订终身的男女，也要向天祈祷，跪地发誓，以天、地为证。有些家庭，还供有"天地君亲师"的牌位。

玉皇崇拜也是天津民间俗神信仰之一。玉皇也称玉帝，是玉皇大帝的简称。天津民间于明宣德二年(1427 年)在旧城东北角处重建了玉皇阁，玉皇大帝的铜像被供在清虚阁二楼。一年中，民间对玉皇大帝的祭祀活动有两次：一次是农历正月初九的玉皇诞辰庆典，一次是农历腊月二十五日的玉皇出巡庆典。届时，善男信女前去敬香，玉皇阁内的道士也举办隆重的道场，诵经礼忏，迎接玉皇御驾。玉皇阁外，民间各路表演老会献艺，小商贩也云集于此出售各种小商品。清代以后，民间关于玉皇大帝灵迹的传说愈来愈少，平日也很少有香客去玉皇阁敬香。

地母是天津民间很崇拜的神灵，与玉皇齐名，谓之"天公地母"。天津民间认为，地母就是后土，故称其为"地母娘娘"。旧时，天后宫的财神殿内就供有地母娘娘的神像，地母娘娘身下骑一鳌鱼。民间多在其生日即农历三月十八日前来进香朝拜，大多祈求其赐子，家庭人丁兴旺。后由后土分化出许多掌管一方土地的土地小神，俗称"土地爷"，又有了配偶神"土地奶奶"。民间祭祀土地爷、土地奶奶主要是求丰收、求雨露、求平安、求去疾等。有的市民亲人去世，先去土地庙"报庙"焚香送浆，求得死后拥有一席之地。"文化大革命"期间，地母娘娘神像被毁，这种民间信仰逐渐消逝。

敕建天后宫

二、日月崇拜

天津民间将日、月看作一对配偶,分别象征太阳神和月亮神,有着隆重的祀日和拜月风俗。

民间传说农历二月初一是太阳神的生日,这天家家都要烙糖饼,并在院内设供桌祭祀太阳。

拜月的时间为农历八月十五日,传说这天是月亮神的生日,同时也是中国民间的传统佳节——中秋节。

道教将日、月封为太阳星君、太阴星君。旧时,天津玉皇阁、天后宫内都供有他们的牌位。农历正月初八,有祭星活动。祀日拜月风俗至民国初期日渐衰落。中华人民共和国成立后祭星活动停止,但中秋赏月的风俗仍保存下来,成为一种高雅文化活动。

三、星辰崇拜

天津旧时有祭本命星的习俗,按《玉匣记》的说法或请算命先生看八字,有本命星时须于正月初八晚间星星出现后举行祭星仪式,以消灾解难。如本命星中遇有计都星或罗侯星这两个最凶的星,则必须祭。非本命星可不祭。

在民间信仰的星辰中,人们最崇拜的是北斗七星。玉皇阁中北斗楼就供有北斗七星的牌位,每年农历正月初八,在玉皇阁举行祭星活动。这种活动一直延续到中华人民共和国成立。

斗姆,是民间传说中的北斗众星之母,又叫"斗姥"。天后宫和玉皇阁内都供有斗姆神像,其形象额生三目,肩扛四头,左右各四条长臂,正中两手合掌,其余各手分别执有日、月、宝铃、金印、弓、戟等。

天津民间对斗姆的祭祀在农历九月初九斗姆的诞辰之日,这与玉皇阁内的重阳登高习俗有关。每逢重阳之际,人们纷登玉皇阁远眺,参加"攒斗"活动。有些盐业、当铺商人为虔礼斗姆,成立"斗社",入社者称为"居士",每月有二三次到庙中拜北斗。农历九月从初一到初九,天天朝拜。此活动至中华人民共和国成立后逐渐消失。

四、雷电崇拜

天津民间将雷、电视为配偶神称之为"雷公电母",创造了"行雨闪电娘娘""雷祖"等神灵。玉皇阁、天后宫内直到中华人民共和国成立后的 20 世纪50 年代,还供有雷公、行雨闪电娘娘和雷祖的塑像。雷公的形象是四肢裸露,猴脸尖嘴、手持一钉一斧;行雨闪电娘娘为双手各持一钹。雷祖则是一副道士装束,左手持天上之虹,右手持剑。

五、水火崇拜

水神崇拜在天津民间较多地体现在对河神、海神及水神复合了的偶像化神灵龙王的信仰等方面。人们信奉的河神叫河伯,为黄河水神,是中国古代最有影响力的河流神。天津民间对河伯的祭祀活动比较简单,天后宫曾设有河伯殿,但没有河伯的塑像,只有金龙四大王的塑像。后来,人们又将其引申为象征风调雨顺的四海龙王。"文化大革命"期间,这些塑像被毁。1995 年12 月,塑像在天后宫北侧殿内重新修复,并被附会为海神天后降服的手下将领,象征风平浪静。

海神天后,是天津民间信仰最广泛的神祇,天津人昵称其为"娘娘"或"老娘娘",为她建立的天妃宫(天后宫)俗称"娘娘宫"。民间曾把天后与海河喻为天津城的两位母亲,故有"先有天后宫,后有天津卫"之说。天津民间对天后的崇信源于金元时期漕运的兴起,南方的水手、船户将当地的妈祖信仰传入天津,以祈求海神妈祖保佑他们航海平安。妈祖是福建地区也就是海神原籍乡人对她的爱称。民间传说其姓林名默,福建莆田县(今蒲田市)湄洲岛上林村人(今名石顶村),生于北宋建隆元年(960)三月二十三日,卒于北宋雍熙四年(987)九月九日。她16岁后开始救助海上遇难的船只和渔民,一个暴雨天,她为抢救遇难船民,被台风巨浪卷走。为纪念她,人们在湄洲岛上立庙祭奉。此后,航海的人常见林默身着红装飞翔在海上救助遇难者,并帮助海战中的爱国将领和朝廷钦使们在海上转危为安,因此受到官府的认可和各朝代帝王的不断褒封,封号从"夫人"到"天妃",最后升至"天后"。

妈祖信仰传入天津后,很快由单司航海之职发展为多功能的神灵,并被当作护城神加以崇拜。天后既护航,又能去灾赐福。为此天津建起16座天后宫,其中年代较早的是建于元朝延祐年间(1314–1320)的大直沽天后宫和建于元泰定三年(1326)的小直沽天妃宫,历史上俗称东庙和西庙。西庙位于海河三岔河口附近,香火极盛,南来北往的船户、商贾、官宦无不前来朝拜。天津民间视天后为万能之神,形成了具有天津特色的地方民俗,如拴娃娃求子习俗、献船挂船的还愿习俗、出皇会的祭祀习俗等,其中以出皇会最负盛名。

皇会是民间为庆祝天后诞辰而举办的酬神祭祀活动,原称"娘娘会",也称"天后圣会",有文字可考的历史源于清康熙四年(1665年)。清乾隆皇帝乘船下江南路过天津,正值出娘娘会,皇帝一时高兴,提出要看出会表演,当时,乾隆皇帝的船就停泊在三岔河口。各表演老会各显其能,其中乡祠挎鼓的表演很精彩,乾隆皇帝赏赐黄马褂4件,分给4位鼓手。还因鹤龄会唱得好,赏赐给4名鹤童每人一只金项圈,赐给大会龙旗两面,从此,娘娘会易名为"皇会",延续至今。

皇会举办的时间是从天后诞辰的前几日开始,历时5天。农历三月十六日、十八日、二十日、二十二日都要举办出会表演活动。农历三月十六日为送驾日,由在天津经商的潮、建、广三帮商人将天后神像送到闽粤会馆接受香火,民间称其为"老娘娘回娘家",并谓之"送驾"。送驾地点曾一度改在城西如意庵,后因如意庵遭火灾,改在千福寺举行。三月十八日为"接驾"日,人们将天后神像再接回天后宫。三月二十日、二十二日,天后要出巡散福。届时与其一同供奉在天后宫大殿的送生、斑疹、子孙、眼光等四位娘娘也乘坐宝辇随行。各路民间艺术表演在娘娘神驾前根据各种职能和地位顺序排列,各显身手。

皇会的表演内容很多,分工详细,有专门负责事务性工作的,如请驾会、净街会、扫殿会、护棚会等;有以技艺展示才能的大乐、鹤龄、重阁、狮子、挎鼓、中幡、高跷、五虎杠箱、拾不闲、庆寿八仙等;还有以华丽的设摆仪仗执事等装饰道具显示其特色的门幡、太狮、广照、宝鼎、接香、日罩、灯扇、銮驾、宝辇、华辇、护驾等。出会时的表演内容每次有所不同,依据经济实力而定。出会的数量多时达100多道,少则二三十道。后来,皇会不再每年一办。最后的几次皇会,分别在清光绪三十年(1904)、1915年、1924年和1936年举行。

1988年,南开区人民政府主办天津民俗文化博览周,区文化局组织民间花会在古文化街广场表演,使天津民间音乐舞蹈成为民间皇会的主要内容,其主题逐渐由颂扬民间信仰向展示天津民俗风情的全民性娱乐活动方向发展。

天后崇拜在天津民间传承近600年,天后信仰在"文化大革命"期间曾一度中断。1985年,天津市人民政府修复天后宫,并将其辟为天津民俗博物馆,为天津市重点文物保护单位,同时以复原民间信仰民俗的方式在大殿内重塑天后神像。

龙王崇拜在天津民间也很兴盛。宋太祖即位不久就规定了对龙的祭典,题龙神庙的匾额为"会应",意思是有求即应,从此凡有民之处皆建龙王庙。民间认为龙王是行雨管水的神灵。天津民间对龙的祭祀源于唐代,城西头的千福寺就供有龙王塑像。龙王会由民间自发举办,经费由商人捐助,一般三天,第一天为送驾日,第三天为接驾日,各路民间艺术老会献艺表演。民国六年(1917)天津发生水灾,千福寺的龙王像被冲毁,民间对龙王的信仰遂逐渐淡漠。

火神,民间也称"火帝",是为人类发明和管理火种的神灵。天津旧时北门外茶店口建有火神庙,玉皇阁、天后宫也曾有火帝殿,供奉火神。其形象是满面通红,两眉之间多一只眼,有八只手,持剑、火轮、火球等。在火帝塑像两旁,还有四位站神,即翼火蛇、避火猪、食火猴、尾火虎。

天津民间对火神有特别的祭祀,后火帝被民间引申为对灶神的崇拜,百姓家中,灶神成为居家保护神,有农历腊月二十三日祭灶的风俗。

此外,天津民间组织水会和火会供奉火神,他们将火神看作行业保护神。中华人民共和国成立后,这种信仰渐渐消退。

六、山石崇拜

民间认为山神是主宰山峰的神灵。清初,在天津城西北角处建有供奉山神的小寺庙。后来,它与附近的土地庙、财神庙合并,由僧侣主持进行合祀,统称"三圣庙"。清乾隆二年(1737)板桥寺的"僧正司"将三圣庙改为"三圣庵",由女尼3人主持,香火日盛。清光绪年三圣庵曾重修,清末民初被废除,辟为民宅,天津民间对山神的祭祀从此消除。

对石的崇拜,与对山神崇拜相连,后来,人们将石头看作能避邪去灾的灵物。故在民居门口或胡同面向大路口处立石或嵌于墙上,有的书有"石敢当"或"泰山石敢当"等字样。这种敬石风俗一直延续到20世纪60年代。至今在老城区的胡同里巷还能见到石头崇拜的遗迹。

第二节　动物崇拜

天津民间对动物的崇拜主要体现在对"五大家(五大仙)"的崇拜上。"五大家"包括狐仙(狐狸)、黄仙(黄鼠狼)、白仙(刺猬)、柳仙(蛇)、灰仙(老鼠),民间俗称"狐、黄、白、柳、灰"。民间认为"五大家"是与人类长期伴生的,属于亦妖亦仙的灵异。如果侵犯了它们,人们就会受到惩罚;如果敬奉它们,则会得到福佑,所以许多家庭都供奉"五大家"。供奉方法有两种:一是在家中供奉的佛堂、祖先堂旁边供全神像,包括9位神灵,即增福财神、福禄寿三星及"五大家",分三排顺序排列。"五大家"的形象都是人像,慈眉善目,除白仙被附会为白老太太的女性形象外,其余都是男像,穿官服、戴暖帽,颜色为灰蓝或石青等，白仙穿袍裙。二是在院中角落盖"仙家楼"供奉"五大家"牌位，仙家楼是木制的2尺多宽3尺多高的庙宇模型，前面有四扇门，"五大家"的牌位就供在里面，供品也放在仙家楼里。仙家楼下做一个木托，高半尺左右，托上部与仙家楼连接处挖一个圆孔，在托的侧面也挖一个圆孔，目的是"五大家"享受供品出入方便。

在"五大家"的崇拜中，民间对狐仙、黄仙和白仙更为敬畏，将他们附会为胡三太爷、黄二大爷、白老太太。

对狐仙的崇拜由来已久，5000年前民间就有大禹治水时曾娶九尾白狐——涂山氏的女儿娇为妻而生下夏朝第一代君主启的传说故事。天津民间认为狐狸能成妖，也能成仙，能报德，能报复，同人恋爱，也能为人医治病痛。旧时，天后宫中有胡三太爷的塑像，常有信徒前去进香朝拜。

黄仙被民间唤作黄二大爷，旧时天后宫中供有其塑像，认为其可以左右人的精神。

对白仙的崇拜，民间说法不一，大部分人将她当作进财、防病的吉祥物。旧时，天后宫曾供奉白老太太的塑像，1966年被毁。1995年由香客捐款重塑。

对蛇仙的崇拜，民间常把蛇当作龙的化身，在十二生肖中属蛇的人，常说是属"小龙"。民间花会中常出现蛇仙的影子，在高跷表演中，就有白蛇和青蛇的角色。

对老鼠的崇拜，民间认为其有很高的智慧而将其神化。民间把鼠的世界想象成同人世间一样，创造了许多民间故事和艺术作品，其中在杨柳青年画和泥人张彩塑中都有《老鼠嫁女》等作品流传于世。

"五大家"的信仰，到中华人民共和国成立后消逝。

第三节　祖先信仰

祖先信仰是鬼灵信仰和民族观念结合的产物。民间认为自己的祖先灵魂不灭，可以保佑家族兴旺发达、人丁繁盛。

天津大户人家在近代以前多建有宗祠、祠堂，以供奉祖先牌位。一般家庭也多设祖先堂供奉祖先牌位。牌位为木制，高 6.5 寸至 1 尺不等，宽 1.8 寸至 2.5 寸，厚 1.4 寸至 1.8 寸。上宽，为圆弧形，中间书写祖先名讳。房屋不宽绰的家庭在正堂屋左侧设供桌，安放祖先牌位，供常年祭祖。后来，民间创造一种木制的缩微家庙供奉祖先牌位。家庙做工精细，廊舍齐全，隔扇门可开可合，家庙大小视房间大小和财力而定。今存于天津历史博物馆和天津民俗博物馆中的几件家庙，陈列于展厅供人参观，成为研究祖先信仰的可贵资料。

民间祭祖的时间多在除夕、祖先诞辰和忌辰。元宵节送灯、清明节扫墓、七月十五放荷花灯、十月初一送寒衣及家中举办某些大事前都要有祭祖仪式。一般由家长主持，率领男性族人举行祭祖活动，先在祖先牌位前上香，摆好供品，然后由家长率众人磕头，并要焚烧纸钱。

天津市内现存较完整的祠堂是位于南开区白堤路的李纯祠堂。该祠堂始建于 1923 年，系江西省督军李纯为奠祖所建的家庙。占地约 6 万平方米，建筑面积 8000 平方米，坐北朝南，仿故宫布局。1960 年改建为南开人民文化宫，并被列为天津市重点文物保护单位。

天津老城内的华家祠堂、金家祠堂都是具有一定规模的家祠。

中华人民共和国成立后，祖先信仰发生了变化，家庙、家祠移作他用。其习俗只在清明节扫墓、十月一送寒衣、七月十五等日子为祖先祭奠，其家中也不再供奉祖先牌位。

第四节　鬼神信仰

民间鬼神信仰把人间称作"阳间"，死后居住处称"阴间"或"阴曹地府""冥府"。人们受佛教、道教影响，认为人死后灵魂进入冥界化为鬼灵，经受鬼司的裁判，形成了对阎王、东岳大帝等鬼神的崇拜信仰。

阎王是阎罗王的简称，又称"十殿阎君"。阎王原是佛教中主宰地狱的一位冥神，传入中国后成为民间信仰的鬼王，是主管地狱的十位阎王的总称。

民间认为冥界有专司鬼灵诸事的鬼官、鬼吏、鬼卒,还有判官、城隍、牛头、马面、白无常、黑无常、小鬼等。

天津早年在东门外建有天齐庙供奉东岳大帝,今庙虽不存,但天齐庙胡同的地名却留了下来。

城隍被天津民间视为城市的保护神灵,人们将城隍庙看作是阴间衙门。天津城隍庙位于旧城西侧,建于明永乐四年(1406)。民间对城隍的供奉和膜拜,以庆祝城隍诞辰而举行的城隍庙会和鬼会最为著名。城隍庙会从农历四月初一城隍生日至初八晚间鬼会止。届时,庙前张灯结彩,搭台造棚,连续唱戏7天。初六和初八是城隍出巡日。初八全部节目上街。民间自发组织"接驾会",推举知名人士组成,负责城隍出巡和鬼会的一切事务,包括"座会""行会"、商贩等会务活动及出巡路线、节目安排、经费筹措等。

"座会"主要由茶棚、设摆、护棚及保安等会组成,茶棚多由市面上商业行会出资承办。

"行会"分"娱神花会"和"鬼会"两部分,农历四月初八是高潮。天津最后一次举行的城隍庙会是在民国九年(1920)。如今城隍的信仰已销声匿迹,原城隍庙旧址已改建为他用。

第五节　民间杂神信仰

民间杂神信仰涉及方方面面的神灵崇拜,包括有居家保护作用的门神、灶神,帮助繁衍子孙的送子神灵,为人们带来好运的福、禄、寿、喜、财等神灵,医治病痛的药王诸神以及五行八作的行业保护神等。

一、门神崇拜

人们认为门神是能驱邪魔、卫家宅、保平安、助功利、降吉祥的保护神。天津最初的门神是驱鬼镇妖的武将门神,有秦琼、尉迟恭、燃灯道人、赵公明等。他们被贴在临街大门上,保佑全家平安。后来又创造了文官门神和祈福门神，大多贴于院内堂屋门上，成双配对。天官（或状元）常和送子娘娘相配，喜神常与和合二仙相配，刘海儿常与招财童子相配。至今天津老城区居民春节期间还有张贴门神的风俗。

二、灶神崇拜

灶神是古人将崇拜之物和自然现象人格化的神灵之一。天津民间称灶神为灶君、灶王、灶王爷、灶君菩萨等。灶神的神祃常年被供于灶台上方墙壁，接受香火。民间传说灶王"受一家香火、保一家康泰、察一家善恶、奏一家功过"。农历腊月二十三日有祭灶的风俗，称此日是"过小年"。人们在灶王神像前摆放糖瓜，认为可粘住灶王的嘴，说话只能是甜言蜜语；在神像两侧贴上对联："上天言好事，下界降吉祥"。晚上，将灶王神祃取下与纸钱、纸金、银元宝等祭品一同烧掉，并燃放鞭炮，送灶王爷上天。这一切由家中男人操办，有"女不祭灶"之说。农历腊月三十，还将灶王神祃请回家，重新供在灶台上方。至今，部分居民仍沿袭此俗。

三、送子神灵崇拜

送子神灵是主宰并赐佑民间生育子嗣、繁衍后代的神灵。民间除到天后宫向天后娘娘祈求子嗣外，还创造了为其分劳的泰山娘娘、子孙娘娘、千子娘娘、引母娘娘、送生娘娘、催生郎君、送子观音、张仙等神灵形象。

民间认为子孙娘娘是能给人间带来子孙最灵验的一位神灵。有"拴娃娃"求子习俗，无子嗣的女性或其母亲、婆婆为她在子孙娘娘神像前"偷"一个小泥娃娃，说这样就可使其女怀孕。

民间认为张仙既能送子也能佑子，称他为"张仙爷"。天后宫为张仙在过街楼上

娃娃大哥

建立了张仙阁，阁内供奉张仙神像。天津不少居民把张仙的神祃或画像镜框挂在卧室房山炕灶烟道出口处悬架的供板上，供上香碗、蜡烛。板上摆上小瓷碟，内放 4~5 个湿白面球，每日更换，说是喂天狗的，人们传说因家里的烟囱冲着天，会有天狗顺烟囱进

泥娃娃

屋里吓唬小孩，传染天花。张仙爷守烟囱口，天狗就不敢进屋，可保佑孩子平安。人们还认为张仙所挟"弹"与"诞"谐音，因此，将张仙爷奉为专管人间送子之事的"诞生之神"。

旧时，天后宫内供奉的送子神灵香火甚旺。中华人民共和国成立后，这些信仰渐渐消亡。

四、观音崇拜

观音即观音菩萨，是佛园众菩萨中的首席菩萨。在天津民间，观音菩萨的信徒以妇女居多。传说菩萨有多种形象，有南海观音、送子观音、披发观音、白衣观音、长带观音、海蓝观音、千手千眼观音等。旧时，民居于佛堂或堂屋正中供观音画像，俗称佛像右侧供全神像，左侧供自家特信的神像。"五供"(香炉 1 个、蜡扦 2 个、香筒 1 个、磬 1 个)放在佛像前。

佛界将农历二月十九日定为观音诞辰日，六月十九日为观音成道日，九月十九日为观音出家日。天后宫内供有观音菩萨像，香火稍逊。

中华人民共和国成立后，观音崇拜渐渐减少。"文化大革命"期间，观音神像全部被毁。20 世纪 80 年代，民间对观音祭拜重又兴起，有的居民家中供奉一种瓷制的观音菩萨塑像，在诸多护身符中也多带有观音菩萨的法相。

五、福禄寿三星崇拜

福星是民间幻想的人格星，原指木星。在"贴道酉"的春节习俗中，不能没有"福"字，且往往倒着贴，取"福到"之意。在吉祥图案中表现的以蝙蝠代替"福"字及"五福捧寿"等都反映了对福神的崇拜。

禄星被认为是文昌星，是主宰功名利禄的神灵，是文人学子顶礼膜拜的偶像。

寿星是民间信仰中祈愿长寿而崇拜的幻想神，是主司人间寿命之神，多指南极老人星。

福禄寿三星常被民间与道教的天官、地官、水官三官的崇拜相连。

六、喜神崇拜

喜神是民间信仰中幻想的吉神，无星宿之说，也无神形可辨。喜神每日所居，按干支推算日期，按八卦推断方位，以确定喜神某日某时在某位，设祭供奉求喜。旧时，婚礼中迎娶时，新娘上、下轿都得对准喜神所在方位。春节期间也以贴"抬头见喜""出门见喜"等条幅，来迎接喜神。

七、财神崇拜

财神是主宰人间金银财富的神灵。旧时，天津民间在春节前后，有请财神和敬财神的民俗活动。农历腊月三十之前，家家户户到街市上请（买）一张财神神祃供于家中佛堂或堂屋中供全神像的地方。街面上还有专门送财神的小贩走家串户送财神神祃，一般家庭大都乐于接受，取"财神到家、越过越发"的吉利。

正月初二是敬财神的日子，民间要举行一系列祭祀活动。天后宫内设有财神殿，是日，天后宫内外备有专卖纸金元宝的摊位，宫中道士还将准备好的纸金元宝、纸银锭等放在财神爷的神座下，供朝拜者"偷拿"，以供人们讨个吉利。

正月初二还有送柴水的习俗。这种习俗一直延续到中华人民共和国成立。

民间传说农历九月十七日为财神的诞辰日。是日,各行业都举办庆祝活动,较大的商号老板和从事银号、钱庄行业的还在自家进行敬拜财神活动,设香案,摆供品,家人依次磕头。之后,摆酒席宴请亲朋。

天津民间将财神分为文、武两种:文财神为比干和范蠡,武财神为赵公明。

进入 20 世纪 90 年代,由于私营企业和个体商贩不断增多,一些店堂和家庭中,常年供有财神的塑像或神码,香火不断。

八、药王崇拜

药王是为人们解除病痛能造出灵丹妙药的神灵。天津民间传说中的药王以孙思邈、华佗、扁鹊、邳彤 4 人居多。旧时,天津城南 30 里峰窝庙、盐坨大药王庙、北门外茶店口西大药王庙及玉皇阁、天后宫等处都供奉药王,玉皇阁、天后宫内有单供华佗仙师的塑像。每年春天,举办药王庙会,民间表演团体纷纷献艺,戏台上大戏演唱五六天。庙周围形成的商品、药品交易市场,生意兴隆。

中华人民共和国成立后,这些活动逐渐停止。1993 年天后宫内由香客捐资重塑药王塑像。

旧时,民间还专为医治天花、痘疹及其他疾病的神灵塑像,如斑疹娘娘、痘疹娘娘、施药仙官、散行痘疹童子、散行天花仙女、挠司大人、送浆哥哥、报事童子、挑水哥哥、王三奶奶、白老太太、黄二大爷、眼光娘娘等,在天后宫内供奉。“文化大革命”期间,上述神像被毁。1995 年,天后宫内由香客捐资重塑挑水哥哥塑像,但寓意却与前不同,演绎了农历正月初二敬财神送柴、水的习俗,成为满足人们求财愿望的民间俗神。

九、王三奶奶崇拜

旧时,天后宫内供奉王三奶奶塑像。民间曾有“摸摸王三奶奶的手,百病全没有”和“摸摸王三奶奶的脚,百病全都消”之说。

民国期间，民间对王三奶奶的崇拜最甚。祭祀活动除到天后宫朝拜进香外，主要是成群结队去北京妙峰山参加庙会，朝拜山上的王三奶奶。

20世纪50至60年代，王三奶奶崇拜逐渐减少，至"文化大革命"时期，由于天后宫内王三奶奶像被毁，此种信仰随之消失。1993年，在天后宫内由香客捐资重塑王三奶奶像。

十、八仙崇拜

八仙是八位仙人的总称，后被道教纳入仙真行列，成为民间广为崇拜的仙灵。八仙人物有李铁拐、汉钟离、张果老、何仙姑、蓝采和、吕洞宾、韩湘子、曹国舅。

被尊为吕祖的吕洞宾，天津民间传说他是唐、五代时期著名道士，姓吕名喦，号纯阳子，自称回道人。元明时期被官方封为纯阳孚佑帝君，全真道教奉他为纯阳祖师，号称"吕祖"。天津对吕祖祭祀较为隆重，玉皇阁和天后宫内都供有吕祖神像。农历四月十四日（一说十三日）是吕祖的诞辰日。是日，善男信女焚香朝拜，玉皇阁内的道士还做道场，诵经祭祖。

中华人民共和国成立不久，玉皇阁被拆除，只保留了清虚阁。"文化大革命"期间，天后宫内的吕祖像被毁。

十一、关帝崇拜

关帝即关羽，俗称"关公"，是三国时期蜀国大将。天津民众对关羽视若英雄崇拜，作为偶像。

旧时，天津民间相信关羽具有司命禄、佑科举、治病除灾、驱邪避恶、巡察冥司、招财进宝、庇佑商贾等多种神功，将其视为正义之神、威武之神、万能之神，各行各业都对他顶礼膜拜。玉皇阁、天后宫也供有关帝神像。

中华人民共和国成立后，由于许多关帝庙年久失修，加之"文化大革命"，关帝像全部被毁，关帝崇拜逐渐淡化。

在民间信仰的杂神中，还有许多行业保护神，包括理发业的罗祖，瓦、木、油工匠行业的鲁班，印染行业的梅葛二仙，皮革、鞋靴业的孙膑，金属冶炼业的太上老君以及梨园业的老郎神等。另有些是为纪念当时有功德的人物而塑造的神,如曹公、马公、冯志恩师、报事童子、挑水哥哥等。还有些是无任何来源的人造神,天后宫供奉的傻大爷、疙瘩刘爷等,均属此种神。

第五章　服饰民俗

服饰是人类特有的文化，是人类文明的标志。
天津城市形成较晚,因城市的性质和地位以及五方
杂处的人口结构天津民间服饰习俗具有较鲜明的
地方特色。

第一节　服饰习俗特点

天津民间的服饰习俗较之其他地区有着较鲜明的地方特色。独特的地理位置所形成的商贸大都会的格局，营造了一大批商人，他们中间流行的服饰习俗，对整个天津城市影响很大；天津是五方杂处之地，人口结构庞杂，一些具有游民思想的人，由其指身为业的生活方式所决定，服饰习俗颇具特色；大批封建文人所表现出的服饰特色，也是天津民间服饰习俗不可分的一部分。以上三种情况构成了天津民间服饰习俗的基本特色。

一、重商风气

天津因地理位置优越，腹地深广，水陆交通方便，很快发展成为一个商业性质非常浓郁的大都会，故天津民间普遍存在重商心理。由于经商者多，由此形成了一种独特的商人风气，并有一套封建的道德规范与之相适应。这种风气反映在服饰习俗上则表现出崇尚豪华和奢侈。这一阶层人的服饰从衣料、图案的选择，到做工、式样及佩饰等方面，都追求高档次，在什么场合着什么衣饰颇有讲究，既要符合身份，又要显示其经济实力。此风气一直影响到现代。

二、文人风气

天津民间的文人风气亦很显著，无论贫富，皆追求"知礼儿"，讲究温柔敦厚。天津人崇拜有知识者，历来就有办义学的传统。富人"有钱出钱"，平民则"有力出力"，各尽所能。清代，天津多处书院都为富商捐助，众多的义学则为绅商所资助。天津人的"崇文"思想造就了一大批文人墨客，并形成了群体，此阶层人士在服饰上无论是色调还是式样都追求高雅的格调，以区别世俗的人们。即便是较贫穷的文人，在服饰上也力求整洁，以此保持一般文人

175

的"脸面"。

三、游民风气

天津因漕运兴旺而发展的码头、脚行为数众多，靠此混生计的人，因无固定收入，生活不稳，只能指身为业，日挣日吃，急功近利，视生命如儿戏。此阶层人构成社会游民。他们一则因家境贫穷而无力在服饰上有过多的消费，另则因劳动需要，故在服饰上须简便。夏季一般着短衣，天津人俗称"短打儿"；冬季穿一种"二大棉袄"。即使在春秋季节，也少有长装，其服装质地多为粗布面料，手工缝制。清朝中叶以后，市面出现机织棉布，到民国初年已开始流行。上述衣料均无纹饰图案，是下层劳动者服饰的一个特点。其中"短打儿"服饰，系采用土布制成，颜色多为蓝、黑。冬天，一般上穿黑二大棉袄或"空心棉袄"（即只穿棉袄不穿衬衣），下穿"空心"棉裤（即只穿棉裤而不穿衬裤），脚腕部扎上腿带子，这种打扮是游民劳动阶层最典型的着装。

第二节　服饰式样

随着时代的发展，人们越来越希望把审美意识融入服饰中去，因而各种式样的服饰不断地涌现出来，分类也越来越细，不仅男女服饰的式样有区别，就连社会地位不同的人，在服饰上也有差别，服饰的式样和功能之间的联系越来越密切。

一、男人服饰

长袍、马褂　长袍和马褂是清代民间较普遍穿用的一种服饰。马褂一般套在长袍外面穿。长袍有单、夹、棉之分，天津人称单袍为"大褂"，民间流行的长袍与正宗皇室的长袍有很大的区别，民间的长袍是右大襟式，左右两开衩，而皇室的长袍则是四开衩。从清初到清末民初，长袍的式样也不断地发生变化,从又肥又大演变成又短又瘦;从无领演变成有了立领;从无口袋演变成在掩襟(长袍大襟所遮住的部分)上有口袋。无论商人、官僚,还是文人及平民百姓,只要稍有些身份的人,长袍是不可缺少的服饰之一。旧时的商人,凡属"大同事"级别的(相当于高级售货员或售货员中的领导者),长袍的面料都采用毛料或绸缎。在清朝末期,毛料被称作"巴厘吡叽",多是从南洋流传进来。在一些较正规的场合,长袍和马褂都是配合穿用,马褂的颜色必须深于长袍,否则会被认为人性轻浮。

  袄 是旧时一般劳动者穿用的服装,单、夹、棉都有,一直流传至今,并为各阶层人士所采用。旧时天津劳动者中间流行一种"二大棉袄",它的长度介于棉袄和棉袍之间,双襟双绊,穿着行动或干活极方便,又很保暖,因此广为劳动者采用,是极具天津特色的一种服饰。天津人称为老羊皮筒子"或"光板皮筒子"的,是一种只穿皮袄而不吊面的服饰,即只用原皮做成袄穿,多采用耐磨的长毛皮制成,常被出远门的劳动者或赶大车的车夫所采用,可当褥子铺、当被盖。

  裤 是与袄相配的一种服饰。天津人称上袄下裤的打扮为"短打儿"。裤有单、夹、皮、棉之分。旧时天津人穿裤,都采用一根丝织的扁而平阔的扎腿带(俗称腿带子)在近踝骨处扎起来,起御寒和防护作用。这种习俗到20世纪50年代逐渐消失。旧时天津人冬天有穿空心棉裤的习惯,20世纪20年代以后流行在棉裤中套一条单裤,20世纪30年代以后已有秋裤流行,颜色以白为主。20世纪50年代以后天津人的下装一般选内穿裤衩,再穿秋裤,外套外裤。裤的式样变化也很大,旧时天津民间流行的是大裆裤,天津人称为"丐裆裤",后来出现了西式裤、筒裤。到20世纪70至80年代又出现瘦腿裤、喇叭裤等,尤其是20世纪80年代以后,牛仔裤以其观赏性强和实用性强而风靡一时。

  长袍 20世纪30年代以前,天津商店应门市的人冬天必穿长袍,不应门市的时候可以穿绸缎的"短打儿"。夏天,流行穿一种面料为"细夏布"的底服,里面穿一种称为"缸漂儿"的小褂。"缸漂儿"就是把一种机织的本色布,用中国染坊漂白方法漂出,这种方法漂出的布非常白。细夏布则大多是广西、贵州、四川一带的产品。旧时的天津人夏天无赤膊的习惯,即使是体力劳动者也要穿一种类似于坎肩的、前后片用布条子在腋下连起来的服装,它可用细夏布或粗布制成。

西服 在辛亥革命以后传入，最初为洋行中的买办及洋账房的职员所着装。20 世纪 30 年代开始成为中小学教员及部分学生中间的流行制服。20 世纪 50 年代以后开始时兴中山装。20 世纪 60 至 70 年代盛行军便服。20 世纪 80 年代以后，服饰向时装化方向发展。

帽子 是服饰的重要组成部分。清代民间流行"瓜皮帽"，天津民间俗称"帽翅儿"，黑色，缎子质地，顶上有一红疙瘩，老年人所戴的帽翅儿也有黑疙瘩，它是和长袍、马褂配套的装束。

观音兜，由两大片缝制而成，长可披至肩背，有呢子、缎子或黑布料的。

将军盔是由四片缝制而成的，因式样与古代武将的头盔相似，故名。这种帽子大多是家做棉质的，中年商人戴用居多。

风帽有夹、棉、皮之分，一般是黑缎子面，黑平绒里儿。风帽很长，可护住颈项，多为老年人采用，罩在小帽外边以避风寒。

恭喜帽是由风帽演变而来的，前沿上翻，流行于 20 世纪 20 至 30 年代，为当时的商人和文人所广泛采用。当时劳动者广泛戴用的则是各种式样的毡帽。20 世纪 50 年代以后，"列宁帽"和"干部帽"相继流行，60 年代的绿军帽，70 年代的鸭舌帽以及 80 年代以后的各种时装帽，特别是一些高档精品帽子的出现和流行，说明人们戴帽子已从追求实用性向追求欣赏性转化。

鞋 清代较流行的鞋是双脸靴，也叫两道脸靴，穿着者多是绅士、富商和学界人士。20 世纪 20 年代兴起一种圆口和尖口的布鞋，为青年人所喜欢。20 世纪 30 年代流行一种冲礼服呢(假礼服呢)面的鞋。旧时，体力劳动者多穿纳帮靸鞋，其特点是脸长、跟脚、经磨耐用。20 世纪 20 年代开始流行家做的"骆驼鞍"棉鞋，而商人喜穿"大云儿"棉靴头。20 世纪 50 至 60 年代以后，有的市民穿家做布鞋，有"五眼鞋"(即系鞋带的鞋)和松紧口鞋两种。天津人在早年时没有穿凉鞋的习惯，近几十年才流行穿塑料凉鞋和皮凉鞋。

二、女人服饰

从清代到民国初年，妇女的服饰变化不大；从民初到 20 世纪 90 年代，妇女服饰的变化非常迅速，但上身着袄式衫，下身穿裤或束裙的大势没有变化。

衫　是清代妇女中间流行的一种衣服。大襟,高领大袖,长度可及膝。袄比衫略短,式样有琵琶襟、大襟和对襟。衫和袄在其下摆处都有镶嵌的花边,从镶嵌的繁简程度可分辨出其家境的好坏,也可反映出其社会地位的高低。

裤、裙　清代民间流行的女裤是镶腰大裆裤,裙子多是筒式裙。穿裙子时上衣要求着长衫,裙子里边要穿裤子,扎腿带子。实际上裙装也是种礼仪上的需要。20世纪50至60年代流行背带裙,70年代流行连衣裙,80年代以后流行一步裙、太阳裙、超短裙等服装。

民国初年的嫁妆衣

旗袍　是满族女性的典型服饰,一般是圆领、大襟、窄袖、两面开衩有扣绊。旗袍很讲究装饰性,在下摆、领口、袖边处有镶滚。旗袍的式样变化亦很大,尤其是20世纪30至50年代期间,天津妇女旗袍式样的变化速度仅次于上海地区。旗袍成了妇女外出及社交场合不可缺少的礼服。20世纪50年代后旗袍被淡漠。20世纪80年代,旗袍又开始流行,并以其独具特色的东方风格,在世界服饰史上占一席之地。从整体看,妇女服饰变化不大,五四运动后,兴起一种"学派儿"装束,即大襟、元宝襟的肥袖短袄配以黑绸长裙、高筒袜、偏扣布鞋。20世纪50至60年代兴起"列宁服"和女制服。20世纪80年代以后,女性的服饰趋于丰富多彩,且注重个性美。

鞋　清代民间妇女中仍盛行缠足,穿一种特制的布袜和小脚鞋。辛亥革命前,一些开明人士在津成立"天足会",倡导放足,民间称之为"放脚"。民国年间,社会上流行放足鞋。20世纪30年代以后,在一些女艺人和家境富裕的妇女中流行高跟鞋,而在一些学生和普通妇女中则流行布底偏扣鞋。20世纪60至70年代,流行平底皮鞋。20世纪80年代以后,高跟鞋重新兴起且迅速盛行。进入20世纪90年代,出现了各种保健型的休闲鞋。

第三节　特殊服饰

在民间服饰中，除日常穿着的普通服饰外，还有在特定场合穿着的特殊服饰，即婚服和丧服。

一、婚礼服

清代，男子婚礼服是长袍马褂，颜色相对要艳，质地多为有吉祥、喜庆图案花纹的绸缎，胸前打十字披彩，戴帽翅儿或大沿礼帽，穿圆口布鞋。辛亥革命后，一些接受新潮思想的人主张文明婚礼，婚礼服采用西装，扎领带或领结，戴礼帽或免冠，穿皮鞋，服装的颜色多为反差较大的青色和奶白色，以示庄重。此服饰对后来男子婚礼服的发展和演变影响很大，西服正越来越为人们普遍接受。中国自古以来形成的习惯即婚礼服饰只用于当时的礼仪，事后不再穿着，而天津地区男子婚礼服却越来越向实用性和礼仪性、观赏性相结合的方向发展。

天津民间女子婚礼服独具特色。清代，女子出嫁时，头上除戴满珠花和各种头饰外，还要戴上特制的、只流行于民间的凤冠，外面加盖一块红布，称为"红盖头"。上身内穿贴身红布小褂，外罩红绸袄，最外面佩上花衫子，除绣有图案外，还缀有许多饰品。下身穿贴身红布裤，外套红绸裙，其外则围一天津特色的"响铃裙"。新娘要穿一双红线袜和红软底绣花鞋。辛亥革命后，一些受西方文化影响的女青年婚礼服采用拖地白纱裙。20世纪50年代以后，女子婚礼服的式样变化很大，且仍以红色为主流，婚礼服一直是从上到下，从里到外一身红装，头上佩戴的各种绒花、绢花有增无减，成为天津婚俗一大特色。

二、丧服

丧服是一种特殊的服饰,只在办丧事期间穿着。天津人把制作丧服称作"扯孝",即不动剪刀。男人为上穿孝袍、下穿孝裤。孝袍的形式为前后开衩,不打扣子,也不钉绊子,只钉上布条代替。腰扎白布带,脚穿全封的孝鞋,其后跟镶一条红布露在外面。头上戴缝制的孝帽,上缝一枚中间带方孔的俗称"老钱儿"的铜钱,下垂几根麻线,即所谓的"披麻戴孝"。女人的孝衣是左右开衩,下穿孝裤,脚穿孝鞋。儿媳和已婚女儿所戴的孝帽称"褡头",未婚女儿戴一个由白布缝制的三寸左右宽的头圈,俗称"箍子",腰系白布带,死者孙子辈无论男女都要在孝鞋、孝帽和箍子上正中扎有红缨球,重孙子辈扎两个,俗称"正缨"。如果是外孙或外孙女,红缨球要扎在侧面,以示区别,俗称"歪缨"。20世纪30至40年代,臂戴黑纱开始在天津民间丧事活动中流行,且在出殡以后服丧期间佩戴。20世纪50年代以后,民间的习惯又有变化,一般是人一死,马上就戴黑纱。在民间大多数人中,丧礼服已开始趋向简化。

第四节 服饰的信仰和禁忌

一、服饰的信仰

信仰民俗是表现在人们心理活动和信念上的一种民俗传承,在服饰方面也有所体现。

天津妇女对服饰一直崇尚红色,它反映了天津人心理和信念上的一种祈盼。首先,红色代表着热烈,这与天津人热情、豪爽的性格相吻合,正符合天津人的心态;其次,红色历来被人们认为是可以避邪的,选用红色能满足心理上祈求吉祥的要求;再者,天津民间所普遍崇拜的天后娘娘,相传其在海上救难的时候就经常着一身红装,这在人们的心理上也极易产生共鸣。这种性格心理和信仰上的因素使得这一习俗的传承沿袭至今。

天津民间还有为儿童穿"百家衣"的习俗，这也是心理及信念上一种祈求平安、吉祥的反映。天津地区还流行一种在"本命年"里系红腰带的习俗，据说本命年的人多灾，而系红腰带则可以驱灾避邪，也带有祈盼吉祥之意。

死人穿的寿衣，实用价值和观赏价值并不大，但在人们的心理上，这种服饰的作用不能忽视。一些人确信，人死后有亡灵存在，因此也需消费，寿衣就是为了满足这种消费需要而产生的，此种迷信的观念，在一些人的思想中根深蒂固，由此派生出许多习俗。旧时天津流行的"十月一，送寒衣"的习俗，就是给亡灵送冬装，此举到 20 世纪 90 年代又有流行的趋势。

二、服饰的禁忌

天津民间在社会生活中的禁忌被称为"妈妈例儿"，体现在服饰上的亦颇多。

无论男女老幼的衣服下摆都忌毛边，因为人们普遍认为毛边的衣服是丧服的形式，不吉利。衣服破了或扣子掉了，忌穿在身上缝补，说是"身上连，万人嫌"。衣服上的扣子一般禁用双数，有"四六不懂""四六不成材"之说。男人的帽子忌用大绿色，民间把老婆与别人有染的男人，称作戴"绿帽子"。服装忌金黄色或银白色，衣料的图案忌仙鹤或寿字等。这些有关服饰方面的禁忌，随时代的发展，在逐渐淡化。

第六章　家族民俗

第一节 家族构成

家族是由婚姻关系和血统关系结合而成的共同体。天津的家庭为两种类型：一种是按世代不同辈分划分的夫妇一代家族、双亲子女两代家族、子孙三代家族、四世同堂家族和五世同堂家族等；一种是婚姻关系划分的单一家族和复合家族。单一家族即以一对夫妻或一对夫妻加子女，再加旁系近亲（兄弟姐妹）构成的家族。复合家族以两对以上夫妻或两对以上夫妻加各自子女，或再加各自旁系近亲兄弟姐妹构成的家族。民间崇尚的是体现家业大、人丁兴旺的数世同堂的复合家族，清代天津著名的"八大家"都属此类型的家族。

以直系血统的传承为自家，形成旁系血统繁衍下来的本家、本族（同族）、同宗等家庭派系，统称宗族。以自家而论，则本家的血统关系最近，本族（或同族）的血统关系次之，同宗的血统关系最远，则同宗之外往往以同姓视之。

血统关系的远近，一般以"出五服"否来判定，而"五服"又是以"九族"为依据。九族是以自己一代为起点上推四代，下推四代的直系血统的九代延传。同一高祖的旁系血统视为"五服"之内，高祖之外即出"五服"。"五服"是古代丧服的五种名色，即斩衰、齐衰、大功、小功、缌麻五等，以此看出血缘关系的远近与服丧日期的久暂。

天津的家庭在中华人民共和国成立前也是根据"九族"制的体划构成的，沿袭家长制的形式。族中由各系推举出族长。家长由第一代男性承担，被视为一家的核心。第一代家长去世后，由第二代接替，以长房承袭为多。主持家政往往由家庭的女主人负责（不一定是第一代）。

民间普遍认为，以本人为基本一代，上推四代至高祖，下推四代至玄孙，共九代为直系血亲。本人高祖以上的直系血亲为祖宗。直系血亲之外构成三个旁系血亲，即自己的兄弟及其三代子孙为第一旁系；自己的叔父及其三代子孙为第二旁系；自己的叔祖及其第三代子孙为第三旁系。直系血亲加之三个旁系血亲,构成基本的家族。曾祖的兄弟及其三代子孙一般以同族视之。同族的血缘关系在"五服"之内,高祖的兄、弟及其三代子女视为同宗,已出"五服"。

第二节　家族与亲族

家族以家庭为单位,通过婚姻繁衍、传承,不断形成亲族体系,并通过婚姻发展亲族体系。亲族因姻亲关系是与家族同时存在的亲戚体系。

旧时,天津民俗对姻亲关系十分重视,在每个家族的丧、寿、喜、庆以及重大事项中表现明显。至今姻亲仍属往来密切的亲戚关系,旁系姻亲则关系较疏。天津一般家庭对母亲家族比较重视,舅舅是一个有权威的代表,天津卫有句老话:"娘亲舅大。"

亲族实际是每一代母亲家庭与姑父家族两大类为主体,以母亲(姑父)为基本一代,上下各推四代,为直系亲族。舅舅、姨以及他们的三代子孙为第一旁系亲族。天津习俗延至今天,对于亲族的关系,主要限于第一旁系,即姑表兄弟姐妹和姨表、舅表兄弟姐妹及其子女。

第三节　家族传承

家族的传承是以家庭的代代传承为体现的。除了家长制的传承外,最主要的是祖业传承。大家庭往往以家长换代为契机,分解为大家庭名义下的若干小家庭,天津俗称分家。这种析产式传承形式,一般由族长主持并最后拍定,立下析产书,画押后执行。

另一种祖业传承形式是渐分式的,长子成家后,家长将产业一部分给长子令其独立,次子亦如此。家长同幼子一起过,老人的生活起居由幼子负责,双亲的丧葬发送,兄弟均有责任。舅父们往往是监督人。

还有分家而不析产的。家长去世后，由长房二代接任家长，各方各自过，但家产不分，一切由家长决定。

天津旧俗有祖先继承权的只限男子，女子因要出嫁于外姓。女子独身或不能出嫁的，往往也有继承权。幼女未出嫁，分家时也可得一份，由长兄代管直至为其择偶出嫁时做嫁妆费用。

第四节　亲属称谓

旧时天津的称谓，以叙述式为主，类别式的往往是关系较远的泛称或是与被称人同辈分人的总称。

天津有的大家族虽各成体系，但有一种是同一代人按大排行来排定行次的，常常以排行几为乳名。天津风俗称父之兄为"大爷(ye)"，称父之弟为"伯(bai)"。父母称长子为老大或大的，称次子为老二或二的，称幼子为"老的"或"小老儿"。

有的称谓文字相同，发音不同，则关系不同。爷爷的大哥称"大爷"，父亲的大哥称"大爷"，这里"爷"字，前者发音为"yé"，后者为"ye"。天津习俗将祖姑丈称"姑爷"，女婿也称"姑爷"，"爷"前者念"yé"，后者念"ye"。

天津习俗，女婿将岳父、岳母直呼"爸爸""妈妈"。但爸爸、妈妈这两个称谓在家族关系尤其是在直系血统关系中是最近的、特指性的，至今在天津仍存在这种称谓。

第五节　家神与家祭

旧时，天津民间供奉的家神主要包括本家族的祖先、南海观音、吕祖、"五大家(狐、黄、白、柳、灰)"、财神、张仙等。最有特色的是民间将南海观音、吕祖、财神、白老太太、胡三太爷等神灵的影像绘于一张纸上，托裱后悬挂，俗称"全神像"。富家一般有自家的佛堂和祖先堂,有的在家庙中单独供奉,还有的人家将佛堂和祖先堂合二而一。即使房屋不宽裕的人家,也要利用堂屋供奉家神,一般把南海观音影像放在中间,右边供全神像,左边供祖先灵牌或影像,若单独有祖先堂,则左边的位置空着。"五大家"的牌位供奉在院内仙家楼中。对家神祭拜,每日三炷香叩拜祷告;每月初一、十五烧香上供,年节敬香祭祀。对"五大家"祭奉是每月初一、十五更换供品,对张仙祭奉是每日更换香案上的湿白面球。

家祭的时间一般是在祖先的生卒和年节举行,有家祭、庙祭、墓祭三种形式。

随着时代发展,大家族已逐渐分化成若干个小家庭,庙祭的形式已不复存在,家祭和墓祭仍沿袭至今。

第六节 家 谱

家谱,又称宗谱、族谱,有书册式和卷轴式两种。在旧时天津,是封建大家庭记录血亲系统传续的文字形式。

天津一般人家修家谱,往往采用卷轴壁挂式,由上及下成塔形,按辈分排列本族历代祖先(男女)之名(女称某氏),及至己辈,代代增添。这种形式的家谱,又称图表式家谱,只标名,最多附标字或号,少亡者无学名标乳名。更简单者只标男性之名,只反映父系血统的传续。

册籍式家谱,又称叙述式家谱,用传记式记录每一代的每个人生平和主要事迹,一般是断代式的,即由修谱人一代上溯至可知的祖先,体例正规,前有序言,后有跋语,写出家族的显赫地位、祖先的艰辛、各代人物的事迹、当代的地位及修谱的缘起等。这种家谱各代祖先的排列都加配偶姓氏,嫡庶分明。女祖有贤善可称者也往往于男祖传记中予以表出。有的家族在修谱之时,参考历代祖先名字而预先排定传续家族世系的辈分取名顺序,以保证若干代排序不乱,行辈清晰。这些都表现了对祖先的崇拜遗风。天津大家族《华氏家谱》修辑于 1925 年,大字木刻本,线装共 12 册,书高 1 尺,宽 7 寸许,每册面皆有华氏二十七世孙华世奎的题尚(华为逊清遗老,以内阁中丞致仕,民初归寓津门故里,20 世纪 30 年代故世,其书法习颜鲁公,名重一时),上下夹以杨木板,丝带束之,内页形式上天下地,鱼尾口、页九行。其内容前三册为卷首,后九册为正文。其中包括传记、考证、诗文、赞、赋等各种体裁。作者除各代子孙外,还有各辈分中的名贤显宦,体例庞大、内容详备。